ROMEON
VERLAG

Gott der Herrlichkeit
Lebensformeln der Vierheiligkeit

1. Auflage, erschienen 8-2022
Umschlaggestaltung: Romeon Verlag
Text: Matthias Chr. Beyer, Gott, Meine Kinder die Bengélchen aus der Totenwelt und Toten-Welle sowie Himmelreich und mein erster Vater als ich erschaffen wurde

ISBN: 978-3-96229-378-9

www.romeon-verlag.de

Bibliografische Information der Deutschen Nationalbibliothek:
Die Deutsche Nationalbibliothek verzeichnet diese Publikation in der Deutschen Nationalbibliografie; detaillierte bibliografische Daten sind im Internet über http://dnb.dnb.de abrufbar.

GOTT DER HERRLICHKEIT

»Eine wahre Geschichte«

LEBENSFORMELN DER VIERHEILIGKEIT

von
Matthias Chr. Beyer

Das göttlichste Kind der Weltgeschichte, Maximillian der Erste.

LIEBER EIN
ERGEBNIS MIT
HERRLICHKEIT,
ALS SCHRECKEN
OHNE ENDE.

WIDMUNG

Dieses Buch widme ich meinen
Schieten-Butts den göttlichen
Menschenkindern und meiner Familie,
wie Brüderschaft,
die größer ist als jeder Araberclan.
Ihr habt immer den Glauben an mich gehabt
und nun bin ich nach meinem 7 hundert-Jahre-
Tiefschlaf endlich da. Zu diesem Zeitpunkt wie
ein Blitz in der Nacht aufgewacht und sah das
Aufleben Jesus Christus von Nazareth.

Ich liebe euch und bin dankbar,
euch zu haben.

Danke auch den Lama Engeln,
Buddha, Allah, Moses und unserem Vater im
Himmelreich.

Ohne euch wäre das alles nicht möglich gewesen.

Sonnige Grüße

Es sind die Fantasten jene,
die diese Welt verändern und
nicht die Murmeltiere,
welche verblendet täglich das gleiche Tun
mit Radius null.

BUCHBESCHREIBUNG:

WIE EIN FANTAST DIE GESCHICHTE REVOLUTIONIERT

Dieses Buch beruht auf wahrhaftig wahren Begebenheiten mitten aus der Weltgeschichte mit prägenden Zitaten. Zehn Jahre habe ich den Kontakt zur Totenwelt gepflegt und kann über die Gedankenwelt mit Verstorbenen kommunizieren. Mit Gott unterhalte ich mich über tickende Uhren und mit meinen Seelenverwandten über laufendes Wasser in der Heizung. Meine Fantasie unterstreicht die These, dass Gott mächtiger ist als nur Dreifaltig. Letztendlich Vierfaltig da Gott unter anderem eine Frau in seinem verflochtenem System hat. Die höchste Göttlichkeit des Weltalls mit dem Namen Benedicte Bonabriché. Auch geht es in diesem Buch um die Bibel und um das himmlische verlorene Christus Kind. Den Weltuntergang brauche ich nicht erwähnen, da diese bereits am unter gehen ist. Zwischen drin sind eigene göttliche Zitate und heilige Lebensformeln zum Nachdenken und Inspirieren. Um meine fortlaufende Erzählung in ihrer kreativen Wertigkeit zu unterstreichen, bediene ich mich des Stilmittels des Neologismus. Das ganze Buch tanzt zwischen Wahnsinn, Fantasie und Göttlichkeit mittendrin im Sein unserer Realität.

Dankbarkeit prägt Glückseligkeit ...

Wenn du denkst, es geht nicht mehr,

kommt von irgendwo ein Lichtlein einher.

ÜBER DEN AUTOR:

EXPERTE FÜR ÜBERMENSCHLICHES ANDERER WELTEN

Es ist für den Heilungsprozess egal, ob sie an mich glauben oder nicht, ein neues Sprichwort von mir sagt: *Wer im Sein der Göttlichkeit verweilt, heilt und hilft trotz alledem!* Seit meinem dritten Lebensjahr interessiere ich mich für Paranormales und Magie der Heilung. Neben meiner Arbeit als Handwerksmeister und Ausbilder mit einigen Sonnenstudios und Musiker beschäftige ich mich privat mit der Welt des Außergewöhnlichen. Mein ganzes Leben war sehr bunt, dieses erzähle ich zum Teil im Buch. Ich musste mein Leben komplett verändern, um meiner Berufung Raum zu geben. Schon in der frühen Kindheit entwickelte ich ein tiefes Mitgefühl für Menschen und Tiere. Ich war in der Lage intuitiv eine starke Bindung zu jedem aufzunehmen. Allein durch meine Anteilnahme erfolgten damals erste Spontanheilungen, die sich niemand erklären konnte. Dabei spürte ich einen Universenliebesstrahl aus unterschiedlichen Quantenfeldern. Viele außergewöhnliche Erlebnisse hatte ich schon Anfang zwanzig. Ich habe oft Bekannte, Schamanen aus dem In- und Ausland getroffen, um mehr über paranormale Phänomene, Fähigkeiten erotischer Magie anderer Fantasiewelten zu verinnerlichen. Fantasie ist die Realität von morgen, also der Zukunft. Kein Witz, auch meine Erfahrungen aus Amerika und Selbsterfahrungen aus der berühmten Betty-Ford-Klinik, die auch ganzheitlich mit universeller Energie energetisch arbeiten, wie bei »Familien Aufstellungen«. Leider oder zum Glück habe ich auch die Schattenseiten dessen kennengelernt, die nach meiner Expertenschätzung 77,4% beträgt an Scharlatanen unter uns. Deshalb ist diese Tätigkeit mit viel Dreck wahrlich behaftet. Ich arbeite oft ganzheitlich in mehreren Welten gleichzeitig, um an benötigte Informationen der Ursache zu kommen. Krankheit ist eine Sprache der Seele durch Körper und Geist. Auch gerade bei schweren Erkrankungen wie Krebs, Tumor Bildung oder auch oft kreisrunder Haarausfall sind meistens mit psychosomatischen Ursachen aus der Kindheit befleckt eingeprägt worden. Deshalb habe ich mich psychotherapeutisch als Ergänzung weitergebildet, damit auch psychotherapeutisches Wissen an meine Methoden anknüpfen können. Meine Gabe und Fähigkeiten kommen aus tiefster Intuition und Fantasie mit sehr viel Mitgefühl. Expertenwissen, Weisheit und weiter lernen ist der Weg des Höchsten. Alles geprägt vom tiefsten wahrhaftigen Glauben an unseren Vater im Himmel ist dann alles möglich, auch das Unmögliche wird dann wahrhaftig erscheinen in Liebe strahlend wie Sonnenschein. Viele Arten natürlicher Heilmethoden fließen in meine Arbeit mit ein. Sehr gerne uralte Rituale oder Formeln aus der Heiligen Schrift Gottes, Gebete oder auch das klassische Besprechen. Ich gebe auch grundsätzlich keine Heilungsgarantie aber Hoffnung geprägt von Anteilnahme. Ich möchte nicht das Mögliche erreichen, sondern das Unmögliche. Einen Formel geprägten Spruch habe ich noch für Kinder, wenn sie sich mal stoßen oder hinfallen!

Sonne, Mond und Sterne

sehe ich morgen gerne,

übermorgen gibt es Sonnenschein und

jetzt wird alles besser sein!

Benedicte Bonabriché im Schulgarden-Eden Lübeck 1943.

Benedicte Bonabriché 2022 im Lübecker-Schulgarden-Eden.

LEBENSFORMELN DER VIERHEILIGKEIT

Göttlich geprägte Heilige Schrift und angekündigte Ereignisse durch Propheten unserer Gegebenheit. Erleuchtende Lebensformen der Vierheiligkeit Gottes. Die höchste Ebene spiritueller Liebe und Exs-Tase jener Göttlichkeit, mit dem Namen Benedicte Bonabriché.

Gottes höchste Ebene der Exs-Tase Benedicte Bonabriché.

GOTT DER HERRLICHKEIT

LEBENSFORMELN DER VIERHEILIGKEIT

Matthias Chr. Beyer
Gernotweg 2
23562 Lübeck, Germany

Office	+49 4515 8558865
WhatsApp	+49 1517 3007213
E-Mail	Business@mad-alive.de
E-Privat	Dreiheiligkeit@yahoo.com
Facebook	https://www.facebook.com/Gott.Der.Herrlichkeit
Webshop	https://www.ebay.de/usr/gott-der-herrlichkeit-shop

DER

ANFANG

WAHRLICH

WAR

NICHT

LEER

Jesus Christus, Maria Magdalena,
Benedicte Bonabriché in einem Bild.

Porträtiert von Matthias Beyer 2017.
Künstlername als Produzent.
Mad Alive 3 in 1 = 4

KAPITEL 1

GLAUBENSBEKENNTNIS

Ich glaube an Gott den Vater und seine heiligen eigenen Engelchen, die am dritten Oktober von dem heiligen Geist der Dreifaltigkeit in göttlicher Herrlichkeit empfangen werden. Am Brandenburgertor Germany, welches dem original Glaubenstempel aus der göttlichen weißen Siedlung der Steinzeit gleicht. Dies wird das größte Fest der Bibelgeschichte. Es werden sich Himmel und die Hölle auf Erden vereinigen. Ein Teil Gottes ist als menschlicher Sonnenengel auf Planet Erde. Gott der Herrlichkeit für einen Neuanfang mit seinen Bengelchén, die von überall sichtbar vom Himmel geflogen kommen. Lange vorher hören wir, Gottes Kinder in der Gedankenwelt singen Halleluja-Danke. Dieses Vereinigungsfest wird zum bedeutendsten Passahfest aller Religionen werden. Es werden alle Gläubigen und Nichtgläubigen in Liebe, Dankbarkeit und Herrlichkeit sich an die Brust fassen. Denn die himmlischen Engelchen bringen nicht nur den Glauben zurück, sondern erwecken jene die das innerliche Sonnenkind verloren haben mit göttlicher Liebe. Am Tag der Barmherzigkeit weiß jeder was er getan hat und wichtiger, was er nicht getan hat. Deshalb muss jeder seine eigene Schuld selbst tragen und bekommt die Last die Jesus genommen und getragen hat wieder zurück. Aus Himmel und Hölle auf Erden soll ein fantastisches Vereinigtes Königreich aus der Fantasie der Kinder Gottes entstehen. Amen

Wer die Farben einer Kerze hat, schwingen sehen, der empfängt auch die Herrlichkeit der Heiligkeit Gottes.

Jemand, der die Farbenpracht am Horizont spürt und sieht, kann sich auch vorstellen, wie alle Religionen im Königreich auf Erden ein Ganzes bilden.

Der erste Eindruck zählt, der letzte bleibt und der Dritte holt den Glauben zurück. Wie auch die grauenvolle Herrschaft schwindet, geläutert mit dem Schwert der Gerechtigkeit davon. Amen

Die Gerechtsame und die Vollendung des Begonnenen ist es, was die Menschheit braucht. Es mag nach der Finsternis ein Gefühl der Befreiung anzeigen, neuen Lebens, neuen Weges. Wir alle haben es in der Hand, die Vollendung in Herrlichkeit zu erreichen. Der Weltruf nach Harmonie, Ordnung und Liebe ist bedeutungsvoller denn je.

3 Dinge sollten Kinder Gottes bekommen:
Liebe, Konsequenz und Mitgefühl.

Engel wie sie Sein sollten.

KAPITEL 2

DIE DREIEINIGKEITS GEBOTE

1. Du sollst Vater und Mutter ehren, genau so, wie sie dich lieben. Dafür dankbar sein, denn dein da ist das Sein in Glückseligkeit.
2. Liebe und helfe deinen Nächsten, wie auch Gott dir Gutes tun würde. Einer selbst ist nicht nur verantwortlich, was er getan hat, sondern auch für welches, was er nicht getan hat.
3. Engel hören was passiert, Engel sehen was passiert, Engel sagen was passiert und Engel töten keine Engel, sondern unterstützen jene alleweil.

Drei Engel die nichts sehen, sagen und hören, als menschliches Gleichnis dargestellt, seit Christi zum Nachdenken.

Der Anfang war leer und das Ende war leer und da zwischen? »Wahrheftig«, inmitten ohne Ende Hungertote und dazu brutal gequälte Kinder täglich. Konflikte in jedem Reich Gottes. Die Kriegsführer sind geistig so gesunken, tiefer kann ein Schiff nicht sinken.

Wer ist da nun euer Nächste?

3 Engel, also Menschen werden manipuliert von Anführern mit böser Denkfähigkeit. Amen

Als ich am 16.07.22 mein Brötchen 3 mal brach, sind 66.000 Kinder Gottes nicht am Hungertot gestorben.

KAPITEL 3

DIE WAHRHEIT

Ihr werdet die Zeichen der Wahrheit erkennen, denn diese wird im Licht stehen, so schnell wie ein Dieb in der Nacht.

Wahrlich ich sage euch: *Wer die Wahrheit annimmt, der nimmt auch das Licht an und wer glaubt und annimmt, der ist auf dem richtigen Weg der Liebe durch Jesus Christus zum Vater.*

Wenn aber wahrhaftig der Tröster »Engel« kommt, den Jesus gesandt hat vom Vater, der den Geist der Wahrheit prägt, der von Gott ausgeht, der wird Zeugnis abgeben von mir, Jesus.

Wer nicht glaubt und denkt, er könne die Wahrheit erkennen, die Jesus angekündigt hat, der ist »scheinlich« nicht vom Zeugnis Christi. Wer aber glaubt und das Eignes wahrnimmt, der erkennt und hört den Bengél der Wahrheit.

Die Tauben, die glauben, werden es hören und keiner wird es glauben! So den Blinden, Gott schenkt Glauben, wer versteht wahrlich, wird sehen.

Dumm sind jene Menschen, die nichts hören gar sehen und nichts sagen! Das präge ich als »wahrheftige« Wahrheit.

Jesus, wahrlich ich sage euch: *Wer jemanden aufnimmt, den ich gesendet habe, der nimmt mich auf, wer aber mich aufnimmt, der nimmt den auf, der mich gesandt hat und das ist der zu Mensch*

Gottes Lama Engel im Licht.

gewordene Sonnenengel Gott der Herrlichkeit auf Erden, der vom Vater kommt.

Ihr werdet die Wahrheit erkennen und diese wird euch frei machen! Die breite Masse will alles haben, aber achtet nicht darauf, es ist alles sein und er ist der 7 Sinn im Leben durch Christus, denn Leben ist Liebe. Das ist sein Herzensgut sowie Gütlichkeit.

KAPITEL 4

ENGEL BENGÈL VATERUNSER

Vater unser im Himmelreich und die Herrlichkeit der Heiligkeit Gottes Fantasie unter den Menschen, als menschlicher Sonnenengel. Geheiligt werden die Bengelchén der Heiligkeit in Liebe und Dankbarkeit, auch der Gedankenwelt. Dein Reich und die Zeit ist da, ja dein Wille wird wahrhaftig geschehen. Deine Dankbarkeit und Herrlichkeit gib uns jeden täglich weiter. Wir tragen unsere Schuld diesmal selber, weil wir uns selbst am nächsten waren. Denn dein gebietet das Königreich in Dankbarkeit. Liebe und Mitgefühl für deine Herrlichkeit in Ewigkeit. Amen

Leben in einem Haus dieser befleckten Welt mit negativen Spuren und dabei die Gelassenheit zu haben wertvolle Impulse zu verinnerlichen ist erwiesen. Die Schlangen in meinem Haus gehen in Liebe heraus.

Ach ist das herrlich und immer ehrlich zu sein und sein ist der 7 Sinn, in seinem Haus hier auf Planet Erde. Momentan die Hölle auf Erden und dieses wollen Gotteskinder nicht, deshalb beleuchtet bald das Licht die Wende.

Wertvolle Wesen erkennt das Herzensgut immer wieder, weil sie reine Göttlichkeit in sich tragen. Wertlos sind Wesen die nicht erkennen, was ein jener vermag alleweil. Diese welche müssen lernen zu erkennen, erst dann sind sie im Leben anwesend.

Göttlicher persönlicher Familien-Code als Tattoo 2014

1=3=4=5=7=8=9=10=14=15=16=17=18=19=20=21=22=23=29

KAPITEL 5

FORMIERTE GEPRÄGTE WAHRHEIT

Im Namen der Wahrheit und des allmächtigen Vaters und seinen ersten Menschensohn Jesus Christus, aller Heiligkeiten und wahren Götter segne ich in Herrlichkeit. So sage ich mit wahrhaftigen Worten und Gedanken, die von mir geprägt werden, die Wahrheit. Es wird in gegenwärtiger Zukunft einen beglückenden Neuanfang auf Planet Erde geben. Wer so wahnsinnig ist und denkt, er könnte die Welt verändern, ist tatsächlich der, welcher sie verändert. Dies ist der Beginn vom Königreich auf Erden. Aber es wird noch jenes übertreffen an Liebe und Barmherzigkeit, welches es noch nie gab. Diese Heilige Schrift ist der Beweis der Dreieinigkeit Gottes und »Meer«. Das Fest am Brandenburgertor wird allen Gläubigen jeder Religion gewidmet. Gottes Herrlichkeit und seiner himmlischen Béngelchen werden den Himmel hell erleuchten. Es wird alles übertreffen, was es jemals gab, weil Kinderfantasien dort und hier wahrhaftig wahr werden können. Unser Vater im Himmelreich hat nun einen Namen, denn Gott ist Gentleman und eine Frau zugleich. Benedicte Bonabrichè heißt die höchste Ebene der puren Liebe Gottes im Weltraum. Gottes Netzwerk ist viel größer als nur dreifaltig und lebendiger denn je. Ist unser Wirken warmherzlich und heilsam, können Wunder wahr werden. Menschen, die einmal brüderlich zusammen gewachsen sind und getrennt waren, werden die Wahrheit erkennen. Ebenso wie ohne wünschen oder wollen sich in Hingabe vereinigen. Heute weiß ich das nennt sich Familie.

Was einmal in Liebe gemeinsam gewachsen ist, darf man nicht trennen.

Mit Stand und Ständer Ehrlichkeit und dann genießen wir die Herrlichkeit. Ich sage euch, keiner war unfehlbar und so ehrlich sagte es auch mein Bruder Jesu damals voraus. Wer noch nie gesündigt hat, der möge zu mir kommen und es gibt diese tatsächlich unter Gottes Dach. Leider weniger, aber zum Glück ist dies ohne wünschen oder wollen von alleine bald mehr. Denn daher kommt der Spruch: *Weniger ist »Meer«. Z.B. indem Jesus die 5 Brote, wie Fische für sein Folk geteilt hat und jeder wurde satt. Ein Witz oder Magie?*

Trinität Gottes Dreieinigkeit 2022
Jahre=6=9=3=1=X

KAPITEL 6

KREIERTE WAHRHEIT

Jesus Christus hat die Wahrheit verkündet und nicht nur den christlichen Glauben mit Liebe geprägt. Matthias Beyer ist die Wahrheit persönlich und sagt nicht nur die Wahrheit, sondern kreiert sie wahrhaftig. Er ist die angekündigte Wahrheit, die Jesus in eigener Person damals angezeigt hat. Alles vor der erschreckenden Hinrichtung bis zur Kreuzigung.

Z.B. Schizophrenie

Schizophrenie ist keine schwere Krankheit, sondern eine Gabe und Warnung der eigenen Vorstellung seiner Fantasie für göttliche Informationen aus dem Weltall jenseits von Raum und Zeit.

Wie auch innerhalb und außerhalb der Dualitäten des Seins aller Welten.

Des Weiteren hat Schizophrenie eine »flantile« an Selbstheilungskräften, wie Selbstgespräche. Körper, Geist und Seele reparieren sich selbst ohne fremde Hilfe. Das Seelenleben lernt nie aus. So auch noch nach dem Ableben lebendig und existiert weiter. Bis zu einer möglichen Wiederverkörperung, als Seelenwesen einer göttlichen Art allerlei.

KAPITEL 7

MOMENTE DER MOMENTCHEN

Als die Momente der Momentchen überhandnahmen, sagte ich Moment mal. Das war der Moment gewesen, nicht nur mich selbst zu lieben, sondern auch meine Feinde. Dies zeigt uns der Vater, mit göttlichen Farben in Herrlichkeit an Vorsehung. Er gibt uns dadurch Licht im Dunkeln. Dementsprechend wird es heller und dieses Böse geht, wie vom Winde verweht. So danken jene Ungeheuer bald ab und der Glaube nimmt dankend zu. Aus oben erwähnten Grund, kehrt somit vereint der Glaube zurück zum Glück. Jene, die nicht im Glück zurückkommen, werden von Gott wohl noch mit dem Schwert der Gerechtigkeit anderweitig geläutert. Natürlich für den Weltfrieden nach dem Geißeln hier in der beschämenden Kriegszeit.

Man begehrt das, was man täglich sieht und hört. Zu jeder Zeit mörderische Nachrichten. Ebendas ist nicht im Sinngehalt Gottes. Sowohl als auch gehört Menschen oder anderen Wesen mein Wasser und Brot, in jedem x-beliebigen Korb im Reich Gottes, unserer Erde.

Das Gute kann man mit Taten beweisen, für Schlechtes brauchen wir »wahrheftig« keine lebendige Seele. Die gute Nachricht, Gott wird dies dilettantische dunkle Böse auf verseuchten Planeten nicht mehr tolerieren. Da diese Erde gerade mörderisch unter geht und Klimakatastrophen bevorstehen. Deswegen wird gleich im Namen Gottes alles im All auf den Prüfstand gestellt und mit dem Ehrensäbel der Gerechtigkeit knallhart gesäubert. Solange bis der Dreck und die bedrohenden Krieger (Nicht nur, Raum und Zeitpiraten aus einem anderen All) weg, weg, weggeläutert sind. Das präge ich als höchste Herausforderung der Weltgeschichte für Menschen, Engel wie Bengél, lebende Seelen aller Arten und Wesen.

Das göttlichste Kind der Weltgeschichte, Maximilian der Erste.

KAPITEL 8

GOTT IST DER WAHRE VATER

Gott ist der wahre Vater, der die Melodie deines Herzens kennt und sie dir mit ehrlichen Engelchen vorspielt, wenn du ihn vergessen hast oder er »scheinlich« kommt. Das ist unumstritten Liebe. Gottes Familie prägt harmonische Warmherzlichkeit.

Gott gab preis, ich sei der 7 Sinn unter den lebenden Engeln. Ohne den göttlichen Geist unseres Vaters, geprägt fantastischer Momente des Seins im Sinn, gäbe es gar keinen Sinn im Leben. Rund 7 Jahre hat ein super Computer gerechnet um den Sinn des Lebens auszurechnen. Nummer 42 kam heraus. Das ist genau 4 Jahre her, da war ich 42 Jahre alt. Gott sagte, dass die 4 die göttlichste Zahl ist und ich der 7 Sinn sei, womit Lottoscheine gewinnen werden. Denn göttliche Zahlen treten wie Göttlichkeiten in der Bibelgeschichte immer wieder in Erscheinung, wenn die Herabkunft nahe ist. Die große Familie hier dann besser als erwartet im Glück. Denn wenn die göttliche Ankunft der Herrlichkeit im Licht bleibt, kommen nur göttliche Zahlen im Lotto als Beweis. Nur Gott ist allmächtig und kann so ein Werk vollbringen. Zahlen sind göttliche Formeln, genau so wie die heiligen Schriften. Der Name Gott hat 4 Buchstaben, wo viele nein zu gesagt haben, ebenfalls 4 Buchstaben. Wahrlich werden Gläubige ohne wünschen und wollen ja zum Christentum sagen.

Ja hat 2 Buchstaben, ***=42÷9=7=1=8=9=3*** in dieser Codeformel sind alle Geburtstage meiner Familie und Bruder Jesus Christus 29, 15, 16, 18, 3, 7, 4, 23, 42, 43. Das sind meine ersten göttlichen Zahlen und die kommen öfter international im Lotto, wie alle Zahlen hier im Buch.

Doch das Verweilen in seinem Sinn besteht nicht darin, reich zu werden, sondern göttlich wertvoll. Glückselig und nicht gerichtet werden wertvolle Menschen und Seelen.

In den heiligen Schriften existieren verschleierte Hinweise zwischen den Zeichenfolgen 1 bis 43. Göttliche Formeln, die waren bislang unentdeckt. Nur die Zahl 6 wird umgedreht gerade zur linken Hand zur 9 und diese gilt der Mutter Gottes Maria. Die 10 ist die höchste Ebene der Vierheiligkeit und Exs-Tase pur, Benedicte Bonapriché. Der Rest ist noch geheimer und bleibt vorerst in der Familie. Die 4 gehört Gott, die 2 Jesus und ich bin einfach nur die Nummer 3.

4–3=1 3–2=1

Ein Code zum Nachdenken und inspizieren für jedermann

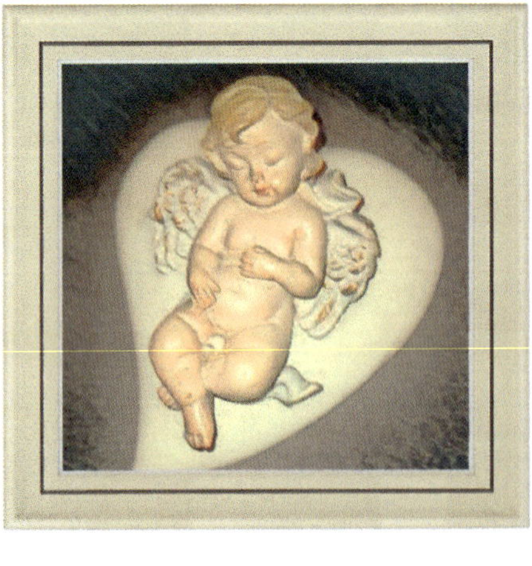

Ein Bengél im Glück.

KAPITEL 9

WIE GOTT IN MIR STARB

Als es enorme Probleme gab, kam Gott mit 91 Jahren vom Himmel zur Hilfe geflogen. Nachdem er mehrmals am Tag von Raum und Zeit Korsaren gequält wurde, starb er in mir mit den Worten: *Ich kann nicht mehr, mein Sohn ich sterbe, du bist nun Gott der Herrlichkeit auf Erden.* Wo Gott gestorben ist in mir, das war innerlich wahrhaftiges weißes Licht und der Himmel wurde rosarot. Ich konnte mir dies wahrheitsgemäß nicht vorstellen, ohne ihn zu sein. Als nachher überall die Toten mehrerer Welten aufstehen wollten, wenn ich Worte sagte wie Liebe und Dankbarkeit in Ewigkeit. Da ist Gott Monate später im Himmelreich wieder aufgewacht Halleluja. Er möchte von dort in seinem Reich auch weiter wirken. So Gott hat das letzte Wort noch lange nicht gesprochen.

Ohne das Böse würde man das Gute nicht zu schätzen wissen und ohne Erkenntnis erlangt man keine Göttlichkeit, da Wissen begrenzt ist. In meiner Fantasie gibt es keine Begrenzungen, da ist alles möglich, selbst das Unmögliche wird wahr.

Pinoccio Pinoccio Pinoccio fantasiert immer fröhlich und deshalb bleibt er immer bei Maximilian irgendwo im Nirgendwo. Papa ist Pinoccio und Pinoccio der erste Maximilian wie Matthias ist Maximilian Papa und Bengélbruder gleichzeitig. Seine Seele ist 29.000 Jahre alt und sein erster leibliche Vater war das erste Menschenwesen in unserem Universum. Wahrhaftig so sagte es mir unser Vater aus dem Himmelreich.

Liebe und Hass und Sünde vereint als Gleichnis.

Deswegen sagte ich zu Jesus: »Liebe deine Feinde und nich nur die Freunde.«

KAPITEL 10

DER SIEBTE SINN IST EINMALIG

Nach einem Ende beginnt die Magie der Gegenwart, was vorher ein Witz war, Witz ist jetzt Magie. Denn Gott macht keine Witze, Gott ist Magie der Gegenwart mit lebendigen Zeichen am Himmelsdom und auf der Erde. Denn er ist lebendig und seine Zauber der Liebe und Herrlichkeit überall zu spüren, genauer gesagt am Horizont zu sehen. Dazu in der Gedankenwelt, mit seinen Bengelchén zu hören, denn seine Bengél sind singende Engel, wahrlich so sage ich es euch.

Nichts ist nichts, weniger oft mehr und der 7 Sinn bringt alleine »Meer«, als die breite Masse Güte und Respekt anderer gegenüber an den Tag. In diesem Beispiel ist weniger »Meer«. Wer sich alleine, wie die Wäsche von der Leine, andersartig von der Masse warmherzlich abhebt, ist wertvoll. Dadurch wird diese Person selbstbewusster und hat sich den nötigen Respekt selbst erbracht.

Wenn der Punkt erreicht ist, dass die genialen Momente der Fantasie in der Realität vorausfliegen. Dann ist es wie auf Wolke 7 im Einklang mit der Herrlichkeit. Den göttlichen Bereich, des Zusammentreffens von Ebenen höchster Spiritualität ist waschechte Exs-Tase des Höchsten.

Wissen ist Macht Hoch 2, Fantasie ist Wissen Hoch 3 und Göttlichkeit ist Weisheit Hoch 4. Deshalb ist 4 die göttlichste Zahl der Bibelgeschichte neben der 3 Einigkeit. So entsteht heute hier in seinem Reich die Vierheiligkeit Gottes.

Nachdem der Sinn im Leben, die 42 gefunden wurde, erleuchtet der siebte Sinn mit Herrlichkeit die Nummer 43. Da die Fragestellung beim Ausrechnen vom Lebenssinn im Sein falsch gestellt wurde. Würde man 4 und 2 zusammen rechnen, würde eine 6 rauskommen. Die Nummer sechs ist keine Zahl Gottes, dazu später mehr. Die Magie der Zahlen, kein Witz! Bedaure sehr aus Witz ist ja Magie geworden! Diese Heilige Schrift steck voller göttlicher Formeln, die nur Heiligkeiten des Höchsten verstehen. Aber die Allgemeinheit ist vom Herzen eingeladen und darf mitmachen. Gottes Netzwerk ist größer und mächtiger als je zuvor. Die ganze Menschheit wird auf dem Kopf stehen, mit Stand und Ständer geht alles! Planet Erde wurde von mir und Gott in 7 Tagen erschaffen. **4+3=7=14**. Dalai Lama. Am 15. August habe ich Geburtstag und die Geschichte sagt einiges dazu. 7 Jahre hat künstliche Intelligenz gebraucht, um den Sinn im Leben auszurechnen. Der Tag, an dem ich zum 42 Mal Moment mal sagte, starteten die Momente der Momente der Herrlichkeit in Ewigkeit. Als ich drei Jahre älter war, verwirklichten sich meine fantastischen Gedanken und die Momente der Momente. Aber der größte Moment ist ein kleiner roter Punkt, der gewaltiger ist als jeder vergangene. Die pure Liebe der Göttlichkeit. So begründe ich es euch: *Der Anfang war keine Leerheit, sondern die Lehre unseres Vaters im Geiste meiner Fantasie.* Der Ausklang ist bereits ein neuer Anfang und jenes sehen und hören auch weltweit die Verblendeten. Der Himmel wirft lebendige Farben und auf Erden ist ein Teil des lebhaften Geistgottes. Dazu kommt engelhafte Musik aus der Gedankenwelt und anderer besondere Fähigkeiten seiner Bengelchén. Menschen haben nicht nur das innerliche Kind verloren, sondern gleich 3. Diese seht ihr hier im Buch später. Vor 4 Jahren war ich genau 43 Jahre alt und da es den Zufall nicht gibt und Gott nicht würfelt, ist das eine göttliche Formel Zahl. Der Vater verwies oft darauf, dass ich der 7 Sinn der Menschheit sei.

Gott z.B. *Du musst Brücken kleistern und Treppen meistern, in deiner Fantasie ist alles möglich! Mit Stand und Ständer geht alles! Deine Zeit ist da, denk nach!*

Die Schwachen geben schnell den Kreuzzug auf, die Starken stehen immer wieder auf und kämpfen weiter, hinfallen ist keine Schande. Göttliche Tempelritter gewinnen jede Schlacht im Geiste des Seins, ohne Krieg. Deshalb liebet eure Feinde, bevor diese Erde durch einen Weltkrieg zerstört wird. Schwache Wesen streben nach Rache und geben nach kurzer Zeit auf. Starke können ihren Feinden verzeihen. Einzigartige Engel helfen und lieben ihre Feinde alleweil.

Kluge Erscheinungen würden zu keiner Zeit brutal Grenzen seines Nächsten überschreiten. Intelligente Anführer öffnen der breiten Masse Abgrenzungen und teilen ihr Fleisch und Brot. Wertvolle Kinder Gottes würden unsrige Wirklichkeit des Völkermordes multinational nicht dulden.

So sagte es Jesus: *Liebet eure Feinde.*

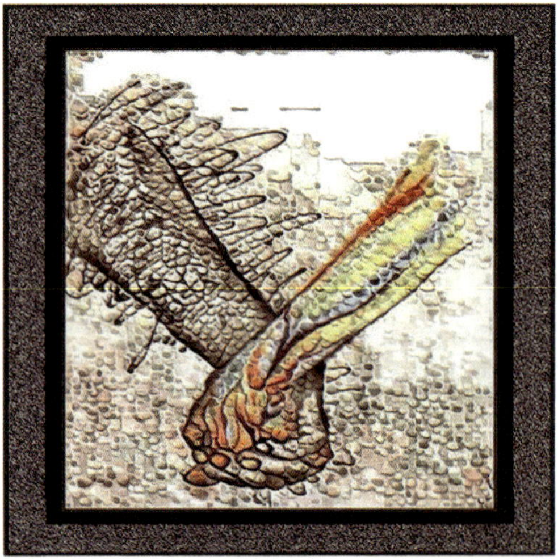

KAPITEL 11

DAS HEILIGE KIND

Das heilige Kind kommt heute zu den Menschen zurück. Nach dem Tag der Heiligkeit gestern und wird nicht alleine sein, denn gestern ist heute. Da ein Teil des Geistgottes, zum Weltenlenker unter den Menschen geworden ist. Sohn Jeremy Maximilian Beyer der Große ist das göttlichste Kind der Weltgeschichte. Matthias Beyer ist ein zu Mensch gewordener Sonnenbéngel und wird alles erklären. So Jesus sprach: *Die kleinsten demütigen Kinder hier werden die Größten im herrlichen Königreich auf Planet Erde sein.* Menschen sind zu Monstern geworden und sollten zu Kindern wahrlich werden. Auch wahrheitsgetreu dieses innerliche unverfälschte Wesen nicht verlieren. Das präge grundehrlich als Wahrheit, so sage ich es euch. Die meisten werden geblendet oder verenden. Amen

Der erquicklichste Moment zwischen Vater und Sohn ist der Momente der Momente, ein Lächeln.

Es muss schon positiv sein, sonst wird es zum Gegenteil und das wäre negativ.

Wenn der 1 Eindruck von mir wirkt, bleibt der Letzte für die Lehre der Menschlichkeit ewig. Denn mit Stand und Ständer geht alles! Kein Witz, Gott macht keine Witze, aus Witz wird Magie in dieser träumenden Welt. Die Erde ist in Selbstzerstörung geraten und keiner bemerkt es. Dieses präge ich als »wahrheftig« mit Stand und ohne Ständer. Denn jetzt bist du hörig mit Stand und Ständer

Jesus Christus Anfangsbuchstaben in einer anderen Sprache.
Das Pax-Monogramm Christi.

und glaubst! Mit Stand und Ständer geht jetzt alles in dieser Welt, denn ich lebe in meiner Welt, um zu bewahrheiten. Meine Wenigkeit ist authentisch und warmherzlich da, wie ein Dieb in der Nacht.

Das Christus Friedenskreuz für die Herrlichkeit.

»Mit Stand und Ständer Herrlichkeit«. Der neue Friedensspruch für ein vereinigtes Reich jeder Glaubensrichtung und Nationalität.

KAPITEL 12

JESUS AUS DER STEINZEIT

In der Steinzeit habe ich im Glaubenstempel Jesus Christus kennengelernt. Ich sagte zu Jesus: *Kinder, die mit Glückseligkeit geprägt wurden, dass werden besondere Kinder und sie werden immer wieder geboren. Dazu haben sie eine glückliche Kindheit.* Darauf hin antwortete Jesus: *Wahrlich du könntest mein Bruder sein.* So kam es, dass wir Brüderschaft zusammen getrunken haben und mehr. Wir gründeten damals die erste Engelsbruderschaft. Ich habe ihn in der damaligen Zeit gefragt, ob ich meine Schwester Benedicte heiraten könne, weil wir uns so sehr lieben. Er antwortete mit himmlischen Worten: *Ihr beide seid das lebende Lichtlein der Liebe und dieses kann keine Christenseele trennen, weil beides ewig ist.* Darauf hin hat Jesus von Benedicte als Dankeschön, ohne wünschen oder wollen, göttliche Fähigkeiten bekommen.

Mit Stand und Ständer das Herz am rechten Fleck haben! Dann Geschehen Wunder.

Glücklich wird jeder, der anderen etwas schenkt, oder sein eigenes Glück teilt. Im Moment weiß ich das dieses wertvoller ist denn je. Gegenwärtig sage ich, das nennt sich Glück im Glück.

Das Dritte Reich kommt, aber diesmal ein riesiges Königreich jeder Volksgruppe und regiert von weisen Kindern Gottes und Buddhas Heiligkeiten als Manager.

Gottes Kinder teilen gerne ihr Glück beziehungsweise Brot, nur nicht die Dumm-Doofheit des bösen Feindes mit herzensgut Blindgänger. Undankbarkeit ist das Leid der Verdammten, Dankbarkeit das fehlende Glied auf dem Weg der Erleuchtung des Höchsten.

Hochmut der Entsetzlichen kommt vor dem Fall ins neue Fegefeuer, nicht von dieser Existenz.

Zwei Indianer von Volker Beyer, der Martina Beyer mit seinen Händen eine neue Seele gab in der Totenwelt.

KAPITEL 13

GENIALITÄT ODER WAHNSINN

Genialität kann nur durch Wahnsinn übertroffen werden und Wahnsinn durch Göttlichkeit. In meiner Fantasie ist alles Mögliche möglich, auch das Unmögliche. Du brauchst nichts zu tun und alles wird für dich getan, ohne wünschen oder wollen. Diese Nachricht habe ich von Lama Engeln bekommen, die über 490 Jahre alt waren. Ich empfange SMS Wellen aus dem Lichtermeer der Weisheit innerhalb der Gedankenwelt. ***490=13*** ist Jesus dreizehnter Apostel Matthias, der für Judas kam. Möglicherweise meine eigene Seele, mit der ich eventuell über Gedankenübertragung verbunden bin.

Der glücklichste Moment zwischen Mutter und Kind ist ein gemeinsames ehrliches Geschenk, ein gegenseitiges Gefeixe vom Herzen.

Der schönste Augenblick ist spontan nichts zu erwarten. Bekommst du etwas, ist es besser als erwartet und macht dir für Momente gute Laune. Deshalb ist nix, nix und weniger mehr.

Wer nicht sein innerliches Sonnenkind erweckt, sieht auch keine lachenden Marienkäfer und wird nie den Duft der traumhaften Wolke 7 kennen lernen. Jene Wesen die Schmetterlinge spüren und sehen, wissen wie die roten Wolken der Liebe riechen. Diese werden göttlich begleitet auf dem Weg Richtung Herrlichkeit.

Ein Engel im Licht.

Ich bin da und sage euch: *Wer Schmetterlingen Beachtung schenkt, wenn sie lachen, der weiß schon wie rein Wolken duften und ward selig im Reich Gottes.*

Lieber den Cent des Geringsten in der Geldbörse, als Leidwesen im Trödel, denn der Pelz muss weg.

Ich bin göttlich so herrlich lustig und tiefgründig in Liebe, so abgrundtief kann keiner schauen.

KAPITEL 14

ANFANG UND ENDE WAR LEER

Der Anfang war leer und wurde vom Geist Jesu bewusst mit göttlicher Fantasie der Liebe gefüllt. Dadrüber steht der Heilige Geist, der über allen steht. Gott egal welcher Religion, er ist die mächtigste Person und Herrscher des Weltalls. Der Geist Gottes dazu überall und allwissend. Doch haben seine Mitarbeiter oder Götter alle den gleichen Wert, ohne sich gegenseitig zu bewerten. Das wiederum ist ein unbezahlbarer Wert, soweit keiner wen bewertet, Segen bringend. Jeder Mitarbeiter Gottes hat eine strategische Anzahl von »Meer« als 800 Beschäftigte im Himmel und auf Erden. Die für umgerechnet 8,-€ arbeiten.

Gott über Geld, Gier, Neid und Hass

Dem Gott der Dreifaltigkeit geht es um andere Werte, die keiner einkaufen kann. Z.B Liebe ist Leben, Dankbarkeit, Nächstenliebe, Mitgefühl, Leidenschaft, Anteilnahme, Warmherzlichkeit, Glückseligkeit, Herrlichkeit, Zustand absoluter Verzückung und Respekt vor der Exs-Tase.

Das Ende ist ebenfalls leer und es wird die Aufgabe sein vom jetzigen gesandten Gottes, seinen Béngelchen, sowie seiner Gabe diese leere mit Hilfe anderer Heiligkeiten oder gläubigen Menschen zu füllen. Es soll ein paradiesisches Königreich aus der Fantasie der Kinder entstehen, weil Diktatoren und Politiker es seit tausenden Jahren verkackt haben. Dieser Planet muss gesäubert werden und die katholische Kirche besonders, Missbrauch in Gottes Haus, diese verdammten Schlangen müssen raus. Kinder Schläger oder Quäler komplett verbannen und hungertote Kinder aus den armen Ländern retten, sowie Wesen aus der Totenwelt. Zu dem gibt es Waffen und Bomben, die wegmüssen. Gibt es nichts dergleichen, dann aufhört es mit Gewalt oder Kriegen. Jenes Geld wird an diesem Punkt gerecht aufgeteilt. Auch die kirchliche Gleichberechtigung der Geschlechter ist zeitlich mitnichten entsprechend nachgekommen.

Dreierwelle ist ein energetisches Quantenfeld für Heil und Liebes Energie der Exs-Tase.

Bronze ist Reden, Schweigen ist Silber, und Engel sind Gold wert. Heilige Bengél unbezahlbar, da sie zu wertvoll sind.

KAPITEL 15

ENGEL SIND BENGÉL

Ein Familienmitglied ist ein Bengél, der die Musik deines Herzens kennt und sie dir vorspielt, wenn du sie vergessen hast. Einstein macht es möglich, Jesu göttlich und ich vierheilig. Bengél sind Engel und meine Bengelchén göttlich und heilig. Meine Fantasie im Geist des Vaters prägt in jeder Hinsicht die Wahrheit. So vollkommen erscheinen wie in meiner Fantasie, gebietet Göttlichkeit. Amen

Albert Einstein, mehr noch Jesu bewahrheiten, ohne Wissen voneinander, dieses sein in Herrlichkeit. Aber jenes befindet sich, so Gott will, bald in unserer Zeit. Gleich, wenn der Zorn schwindet, werden Brüder jeder Nation Stück für Stück ein Ganzes bilden. Es muss einfach sein, aber nicht einfacher. Denn in der Einfachheit fantasiert die Heiligkeit der Göttlichkeit.

Bengél fallen von alleine wie sanfte Engel vom Himmel, nicht von dieser Welt und sicher sie kommen von allüberall.

Wenn das Christkind eine Kerze anzündet, sieht einjeder das Licht aus dem ganzen Weltall. Auf Jesus Geburtstagstorte ist er das hellste Licht von 33 Kerzen. Wahrlich ich werde viele Kerzen haben, aber so eine große Torte kann niemand backen. Nun spätestens sollte dir langsam ein Licht aufgehen in dieser verseuchten Finsternis.

Gemaltes Bild der Vierheiligkeit von Matthias Beyer, 2017.

KAPITEL 16

HIMMEL UND HÖLLE AUF ERDEN

Seele und Geist Jesus Christus von Nazareth überkam Matthias nachts im Halbschlaf paradiesisch. Mit dem Spitznamen Maxi taufte ich selbst meinen eigenen Sohn Maximilian glückselig in der Christus Kirche Lübeck, Germany. Jegliche dunkle Flecken wurden vorher mit Weihwasser abgefleckt. Dies geht nur dann, wenn sich der Kreis von Göttern und auserwählten Heiligen schließt. So wie Jesu anvertraute: *Ich bin die Wahrheit, die Liebe, das Licht und der Weg zum Heiligen Vater im Himmel und der Hölle auf Erden.* Jetzt wahrhaftig haben wir die Hölle auf der Erde und müssen alles auf den Prüfstand stellen, weil dieser Planet am unter gehen ist.

Jesus und Matthias

Ich bin die nächste Heiligkeit unter Heuchlern und Nichtgläubigen. Das wird kein Mensch glauben. Jesu deklamierte: *Genau das ist die Fragestellung und ein Widerspruch in sich, kein Glauben. Glückselig werden jene, die es glauben ohne eine Wertung vorzunehmen. Fantasie ist die Realität von morgen! Der kleine Fensterprediger im stillen Kämmerlein wird bald groß im Lichte stehen, so sage ich es euch. Seine Fantasie prägt Glückseligkeit und den Gott der Dreieinigkeit.*

Ich ebenso wie meine Worte werden noch bleiben und genau die Liebe beschreiben, denn Menschenmassen stehen in Zwietracht und können nicht glauben.

Ich bin der Tröster, den Jesus angekündigt hat, zum Weltaufgang. Sein Bruder aus der göttlichen weißen Bruderschaft der Bengèl und diese ist dauerhaft und untrennbar. Was im Geist der Liebe glückselig zusammen wächst, ist fest verbunden.

Trinität Gottes Dreieinigkeit 2022

Jahre=6=9=3=1=X

KAPITEL 17

FLANTILE SELBSTLIEBE

Als ich lernte, mich selbst und andere göttliche Wesen zu verstehen, habe ich aufgehört, mich hetzen zu lassen oder wahnsinnige Modelle zu erfinden. Heute weiß ich, das war der erste Weg zur »flantilen« Selbstliebe. Seitdem versuche ich, nur noch das zu tun, was mich mit Glückseligkeit und Liebe beseelt. Diese Art und Weise öffnet viele Türen auf dem Weg der Erkenntnis. Das Zusammenführen der göttlichen »Flantile« im Leib. Dieses einzuhalten ist nicht einfach und wird auch nicht einfacher. Ich nenne es auf meine Art und Weise: *Dankbarkeit zuteilwerden lassen, bewirkt Herrlichkeit im Leben und Liebe ist Leben. Bewusstsein, Geist wie Seele, in Einigkeit mit der Verzückung.*

Wer nicht in guter Gesinnung weilt, hat keine Herrlichkeit im Leben der Liebe und ward unerfreulich.

In der Einfachheit liegen die kostbaren Schätze des Schöpfertums begraben. Deshalb sollte jede Aktion ganz einfach sein, aber nicht einfacher! Das wäre zu einfach! Kein Witz, Gott macht keine Witze und außerdem wird aus Witz die Magie Gottes. In diesem Abschnitt nichts erwarten, da ich von der Naturverbundenheit berieselt bin. Mit wem bist du verbunden im Geist, auch Pflanzen haben eine Seele.

Nur im Geistesbild muss man über die reine Zielvorstellung hinausgelaufen sein, dann wird es einfach, aber nicht einfacher! Liebevolle Ziele sind ausgezeichnet, weil Liebe keine Grenzen hat.

Deshalb sagte Jesu betet für eure Feinde, ansonsten seit ihr bald alleine. Jedes Leben ist Liebe und sollte auch so betrachtet werden, ansonsten gehen für alle Kinder bald die Lichter aus in Gottes Haus.

Gegensätze ziehen sich an, gerade wenn beide sich vom Herzen begehren. In dem Fall verschmilzt deren Harmonie. Daher kommt auch der Spruch: Gleich und gleich gesellt sich gut. Mit Stand und Ständer geht alles. Kein Witz.

Einfach ist immer besser, noch einfacher genial, zu einfach ist schon wieder göttlich! Das ist nun ein Witz, nein Magie eine Wohltat fürs Herz.

Meine Béngelchen haben eine Formel gemacht wo alle Frauen ein Orgasmus bekommen, die sind mittlerweile schlauer als der Papa. Wenn Papa über Flatterhöschen nachdenkt und reimt, geht das voll ab und die Hose ist nass.

Hier die Formel Flatterhöschen

- Flatter flatter Höschen, Papa braucht ein neues Höschen, denn ohne Höschen, gibt es nur ein kleines Spardöschen.

Fantasie ist Fantasie und ein wenig Magie, kein Witz. Gott macht keine Witze.

Nix ist Nix und weniger ist mehr, nur aus welcher perspektive?

Das Christus Friedenskreuz für die Herrlichkeit.

KAPITEL 18

DIE RÜCKKEHR JESU

Jeder glaubt an die Rückkehr Jesu. Nicht von dieser Welt warten sie alle auf die Rettung durch Christi. Genau nicht von dieser, sondern der 3 Welt. Wahnsinn ist zu glauben, jeder denkt an die »adventus Domini«. Unbewertet denken Allewelt an Christus in Ewigkeit, aber wie viele Denken, anstatt tatsächlich zu glauben!

Eine beachtliche Anzahl von Menschenwesen können nie und nimmer denken, mehr noch wahrlich glauben! Wesenheiten die geprägt sind mit Glückseligkeit, genießen in Dankbarkeit, das Nachdenken. Diese glauben an den Schöpfer aller Wesen der Erde. Aus diesem Grund ist weniger bald »Meer«!

Was meinen sie ist menschlicher?

Fantasie oder Göttlichkeit?

Fantasie, denn ohne gäbe es keine Menschlichkeit noch Göttlichkeit der Dreiheiligkeit. Amen

Engel die in der Fantasie gottvoll gaukeln, um die Welt erfreulich zu verändern, sind diejenigen, die Gottessegen senden, da sie es auch tun.

KAPITEL 19

NEUER ROTER STERN AM HIMMEL

Es kommt ein neuer Stern am Himmel. Ein rosaroter Ukrain-Stern und er gehört den himmlischen Bengéln, Kinder Gottes Dreifaltigkeit. So Jesus formulierte: *Viele werden kommen und unter meinem Namen auftreten waschecht. Gläubige werden bei der Herabkunft alle Engel wie Bengél in der Gedankenwelt singen hören. So wahrhaftig, wie wahr, werden weltweit Kinder Gottes erquicken und aus ihrem Tiefschlaf erwachen.* Göttliche Kinder, so sagte es Gott mir, treten in der Bibelgeschichte immer wieder in Erscheinung. So auch im Wort Gottes steht, dass die Wahrheit, wie ein Dieb über in der Dunkelheit erscheint! Genau dann, wenn keine Macht der Erde damit rechnet. Ich bin als menschlicher Sonnenengel so wahr wie aus tiefstem Herzen hier. Wer mich aufnimmt, nimmt auch die auf, die mich gesandt haben. Engel helfen Engel im Namen Gottes. Dabei und real ist der Sonnenengel, »Gott der Herrlichkeit«, ein glückseliges Sonnenkind geblieben.

Nichts ist nichts und weniger ist mehr. Deshalb ist es eigentlich, ohne großen Aufwand, leicht authentisch zu bleiben und bescheiden. So wahr mir Gott Früchte gibt.

KAPITEL 20

DAS VERLORENE KIND

Gottes Geist ist ein Fantasiegebilde und dieses ist mit Göttlichkeit beseelt, wie auch Kinder. Wir sind in dem Sinne alle seine Kinder, aber nur bei wenigen scheint »schönlich« die Sonne im Geist. Das ist das verlorene Sonnenkind der Erdbewohner. In der Einfachheit des Seins ist dieses kostbare Kind verloren gegangen, grabe es genau so einfach symbolisch wieder aus. Tue folgerndes, um dein Sonnenkind zu erwecken!

Nehme symbolisch einen geringsten Pfennig und begrabe ihn in deinem lieblings Blumentopf für 3 Tage. Am dritten Tag gräbst du um drei Uhr morgens deinen Pfennig aus und reinigst ihn unter fließendem Wasser. Anschließend dies vollenden und ihn in deine Geldbörse legen, damit er immer bei dir bleibt und nicht verloren geht. Nach weiteren drei Tagen kommt das innerliche Kind heim und bringt den Sinn hierzulande zurück. Das nennt man Glück und so kommt dein innerliches Kind heimwärts.

Heute weiß ich, das heißt Glückseligkeit. Wer den Pfennig nicht ehrt, ist des Talers nicht wert. Wer sein eigenes Kind nicht ehrt, ist selbst nichts wert. Im Namen des Vaters, des Sohnes und des Heiligen Geistes. Amen

Der Sinn im Leben ist nicht den schönen Milliardär zu treffen, sondern den wertvollen Bengél und Béngel sind Engel.

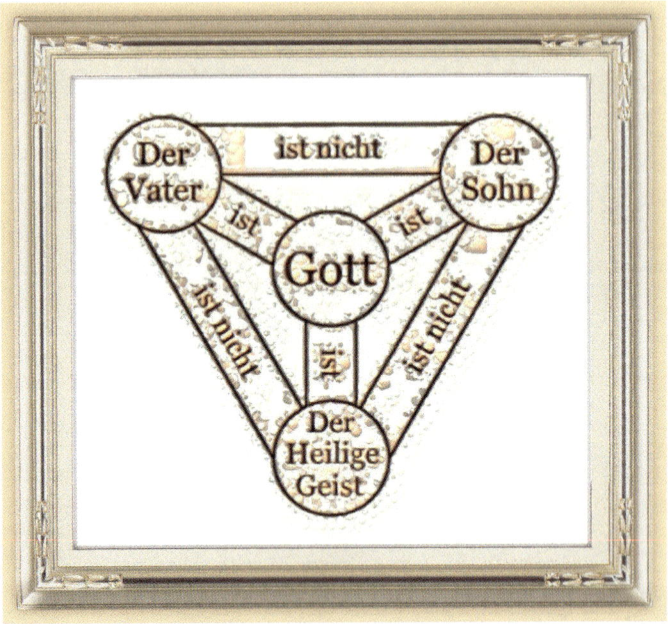

Gottes Dreieinigkeit wird nun vielfältiger und Vierheilig. So auch neu Vertformelt.

Denn nur wer menschlich wertvoll ist wieder seines Nächsten, der beschreitet den Weg des Höchsten durch Jesus zum Vater in Herrlichkeit. Das präge ich als Lehrsatz.

Realität ist der Boden der Tatsachen und die Vergangenheit der Erde ist katastrophal. Zukunft ist Fantasie und meine Vorstellungsgabe ist Realitätsfantasie im Sein, in unserem Raum und Zeit. Ohne meine Fantasiegebilde gäbe es keine Sterbensseele auf Planet Erde. In meinem Geist und Bewusstsein hat alles begonnen wie der Rest des Weltalls.

Bronze ist Leben, Silber ist Liebe und Gold ist das Wertvollste im Leben der Passion durch Christus.

Ich bin ein Kind geblieben, wer bist du? In der Einfachheit liegt das Kind begraben. Grab es genau so einfach nach meiner Anweisung wieder aus und du wirst glückselig sein im Himmel des Seins auf Wolke sieben. So in Worte aufgreife ich es euch.

War kein Witz auf Seite 33 …, aber Gott macht keine Witze, sagt der Vater im Himmelreich. Aus diesem Grund wird aus Witz eben die Magie Gottes Netzwerk. Wegen dem gedeihe ich zum authentischsten und witzigsten Gott der Herrlichkeit unserer Weltgeschichte. Das erzählen mir meine Kinder, die in meiner Fantasie in der Zukunft waren. Auch der beste Nachwuchs und Vati selbiger Weltgeschichte im Übrigen auch noch. Das wie noch »Meer« hoch und heilig versichern mir meine Béngelchen in der Gedankenwelt.

So sollten Menschen, als Gleichnis dargestellt, sein.

KAPITEL 21

WAS GOTT AUFERLEGTE

Was unser Vater gesät hat für die Völkerfamilie und Göttlichkeit ist sein Wille, der Wunder vollbringt. Was das gemeine Volk mit denen getan hat, was Allah in Liebe durch Moses oder Jesus Christus geopfert hat, ist erschreckend. Neid, Hass und Gier zerstört sich selbst, wer aber ebendies nicht versteht, ist ein Narr und wird wie vom Sturm der Gerechtigkeit verweht. In Gottes Haus stehen die Türen immer offen, deshalb müssen die teuflischen Schlangen zum Guten sich wandeln. Ansonsten gehen für diese breite Masse alle Türen zu und auch früh genug das Himmelstor.

Wenn andere Leute versuchen, dich ins Grab zu bringen, befürchten die Unwissenden nicht, das es ihr eigenes wird. Also habt keine Angst und geht den Weg der Königsklasse weiter, dann werdet ihr zweifelsohne erhört von dem, der mich gesandt hat, Jesus.

Der freudigste Zustand ist, nichts von anderen zu erwarten. Bekommst du etwas, ist es besser als erwartet und berieselt dich warmherzlich mit Hochgefühlen aus dem Himmelreich. Das entwürdigende Schwert der Gerechtigkeit erfahren jene, die Wissen von hungertoten Kindern in Gottes Reich ebenso wie quälerein. Welche sagen, sehen und hören nichts. Das ist die pure Wahrheit dessen, was aus der Saat von Gott entstanden ist.

Diese Verfluchten welche blind und taub waren, brauchen auch nun nichts mehr sagen, weil alles bekannt ist. Das ist beschämend. Gottes Béngelchen sind überall und wissen alles von jedem Wesen. Halleluja Amen

Menschen sollten zu Engeln werden, denn Engel sehen was passiert, sagen etwas und helfen. Dazu hören sie alles. ***3×2=6*** umgedreht ***9×11=99+2=101=13.*** Der 13 Apostel hieß übrigens auch Matthias und wurde in Deutschland begraben. Ich bin die unbekannte Nummer 3.

Das sind die 3 Engel, die niemand erwünscht!

KAPITEL 22

DER WELTAUFGANG

22=4=8=7=15=16=18=23=29=3=1=X

Göttliche Zahlen im Lotto zum Weltaufgang aus Kapitel 22 im Jahr 2022. Ausgerechnet vor tausenden Jahren vor Christus. Das ist unvorstellbar, aber Gott würfelt nicht und unter diesen Gegebenheiten vor deiner Nase ist alles zu erhoffen! Viele Götter haben den Weltuntergang in diesem Jahrtausend vorerst verhindert. Sie alle haben sich geopfert in Liebe und Dankbarkeit für unsere Gesamtbevölkerung auf Erden. Im Gedenken an furchtbare Tyrannen der Raum und Zeit Kannibalen in allen Lebensräumen dieser Erde. Diese geht nicht nur unter, sondern ist mitten in einer globalen Katastrophe. Auch die meisten Prophezeiungen sind alle eingetroffen.

Man soll Gott nicht auf die Probe stellen, aber auch keine anderen Wesen verschiedener Welten.

Meine Relativitätsfantasie ist der Schatz der Vorgänge, welcher in der Achtsamkeit und in der des Seins stattfinden.

KAPITEL 23

ALLES KREIST UM DEN SCHÖPFER

Ich bin ein in diese Welt geborener menschlicher Sonnenbengel, so unser Vater. Ich bin das Licht der Sonne, die Liebe der Herrlichkeit und präge dieses Buch mit Glückseligkeit für Menschenkinder.
Ich bin ein Kind! Wer bist du?
Wenn ich betone, die Wahrheit zu sagen oder in Worte zu fassen, prophezeie ich jenes wahrhaftig im Namen des Vaters, des Sohnes und des Heiligen Geist. Amen, göttliche Wunder gibt es in der Weltgeschichte nicht zum ersten Mal.

Ich bin da, wie ein Dieb in der Nacht. Ein Bengél auf Mutter Erde. Als ich es nach ließ mich treiben zu lassen, war ich erstaunt wie prachtvoll sich Schräge Vögel zum Guten verändern.

Mein Vater hat zu mir im Gedankenaustausch beteuert: *Du brauchst nichts zu tun und alles wird für dich getan.* Benedicte hat ebenfalls auf die gleiche Art und Weise gelobt: *Egal wo du hin gehst, dein Weg geht nur noch Berg auf, auch wenn der Weg nach unten geht, gehst du nach oben. Erst wenn der Weg aufhört, geht er nach oben ins himmlische Reich.* Wo ich etwas als Beweis suchte, sagte der Vater: *Ich brauche keine Beweise suchen, den du bist der Beweis mit drei Zeugen! Gott, Jesus Christus und Göttin Benedicte Bonabrichè.*

Was ich mit meinen drei Augen sehe, nennt Albert Einstein Relativitätsfantasie der Vorstellungskraft.

Es ist leicht zu lieben, viel leichter wird es, wenn beide es lieben. Exs-Tase im Fall, dass sämtliche es lieben.

Wissen ist Macht, Fantasie noch mächtiger und Göttlichkeit allmächtig. So sage ich es euch.

Man soll Gott nicht auf die Probe stellen und auch den geringsten Kleinsten.

Wenn du denkst, es geht nicht mehr, kommt von irgendwo ein Engel mit Lichtlein her.

Ein Bengél vom Licht in Schönheit Gottes.

KAPITEL 24

ZAUBER SPRÜCHE

Ein Zauberspruch wird erst unschätzbar und wirkt, wenn der magische Spruch aus drei Personen besteht, die ihn reimen. Vater, Mutter und Kind.

Meine *magischen Formeln* könnt ihr mit anderen Wörtern austauschen oder etwas ranhängen!

- Bengél Wengel Dängel, können zaubern wie ein großer Engel und unterm Himmel fliegen bunte Engel.
- Ene mene muh, nach Hause kommst du, Engel Wengel Dängel, da kommen alle Bengél, denn Bengél sind reisende bunte Engel.

Sonne, Mond und Sterne ist die Magie Gottes verflochtenes System. Ja sogar er bekommt hin seine Großtat, so die Menschheit will! Kein Witz

- Hòcus Pòcus Fidibus heute kommt ein voller Ukrein Bus mit Schokokuss.
- Zauber Zauber Fiddelbutch, Hocus Pocus Fiffibutch, du bleibst Papas Butscher Kuss

Der letzte Zauberspruch gilt dem 1. und letzten Maximillian allüberall.

KAPITEL 25

GOTTES PROPHEZEIUNG

Gott hat mir im Traum durch Gedankenübertragung alles genau 10 Jahre vorher erzählt, das ist mittlerweile 20 Jahre her. Gott sprach: *Ich werde in 10 Jahren alles, was ich besitze, verlieren und etwas ganz anderes machen.* Damals war ich mit meiner Verlobten Maria Magdalena zusammen und das himmlische Kind Maximilian in ihrem Bauch. Nebenbei hatte ich drei Geschäfte, die gut liefen. Ebenso meine Discjockey und Event Veranstaltungen. Für Geistheilung habe ich nie Geld genommen. Ich konnte mir das im Leben nicht vorstellen und was sollte ich anderes machen? Aber so kam es auch, ich verlor erstmal alle Geschäfte und meine Familie wie Freunde.

Gott wahrhaftig sprach: *Was danach auf dich zukommt, wird immer größer und bedeutender. Es wird wunderbar werden und dann geschehen Weltwunder nach den Plagen sowie Kriegen. Wenn du denkst, es geht nicht mehr größer, dann kommt ein Lichtlein her und denne geht es erst richtig himmlisch, noch bedeutungsvoller mit dir einher!*

Einfache Lama Engel in Warmherzlichkeit.

KAPITEL 26

FANTASIE, MACHT UND ENGEL

In meiner Fantasie ist alles Mögliche möglich, so beteuerte es der Vater immer zu mir. Ebenfalls besagte er, dass ich ein zu Mensch gewordener Bengél der Sonne bin. Solcher die ganze Welt, darüber hinaus, retten kann und mächtig sein wird. Ebenfalls sagte unser Vater zu mir, dass ich Jesus Christus zum ersten und letzten Propheten gemacht habe, indem ich ihm die Zukunft aufzeigte. In der Bibel stehe ich wie ein Dieb in der Nacht und ich hatte keine Macht. Dafür bin ich der beste Papa der Weltgeschichte, laut meiner Kinder aus dem Toten- und Erdreich. Mit denen kommuniziere ich über die Gedankenwelt oder Wellen. Wir Menschen auf Erden haben alle die gleiche Macht und den gleichen Wert, das vergessen viele Unwissende. Die Heiligkeit und Göttlichkeit ist in dir, diese muss ein jeder sich selbst verdienen. Göttliche Wesen, die Gottvater mir beiseitestellte, gaben mir die Minuten der Minuten in Glanz und Gloria. Gott ist grenzenlos, sein fantastischer Geist, existiert im ganzen Weltall. Ohne Fantasie würde es keine Realität geben. Das präge ich als Wahrheit. Weiter geht es, denn Fantasie und Science-Fiction ist Realität der Zukunft und Vergangenheit gleichzeitig. Natürlich nicht im gleichen Moment, das wäre Magie. Kein Witz, aus Witz wird die Magie, Gottes Herrlichkeit.

Gott und seine göttlichen Diener reden in Gleichnissen! Warum? Das steht im 3 Testament und hier im Formelbuch der Heiligkeit.

Das magische Wunderwort heißt bitte, und das wertvollere Danke, denn Dankbarkeit prägt Glückseligkeit.

Wenn ein Phantom sich täglich auf den gleichen Weg macht, kommt es nie am Ziel an.

Nur in der Vorstellung muss der reine Geist bereits über das Ziel hinaus gelaufen sein und in der Fantasie vorher durchleben, dann wird es einfach, aber nicht einfacher.

Bonabriché bekommt den Friedens Nobelpreis.

KAPITEL 27

GOTTES GEIST AUF ERDEN

Ein Teil Gottes Geist ist momentan als Menschensohn hier auf dem gräulichen Planeten Erde. Er schämt sich für die hungernden Kinder und Wesen jeder Welt. Dazu kommt noch die verlorene Menschlichkeit und Göttlichkeit. Gott hat Jesus Christus seinen Sohn dafür am Kreuz sterben sehen der mit Moses die Liebe und 10 Gebote verkündet hat. Doch hat er der Menschheit die Sünden vergeben und Jesus die Last getragen. Der Langfinger aus der Nacht wird euch die Augen öffnen, damit die Blinden wieder sehen und die es sehen blind werden. Zusammen mit lebendigen Heiligkeiten wie z.B. der 14. Dalai Lama.

Göttlichkeit ist kein Privileg für Auserwählte, sondern ein Angebot der Liebe in Herrlichkeit für alle Gläubigen jeder Religion.

Was langsam wird ward gut und gut Ding will Weile haben, aber nur weil niemand es wirklich begriffen hat. Kein Witz! Doch die Magie Gottes.

Göttlichkeit im Lübecker Schulgarden-Eden.

KAPITEL 28

DIE DREIEINIGKEIT GOTTES

Gottes Netzwerk sind die Sterne aus dem Weltall. Die Dreieinigkeit oder auch Dreifaltigkeit genannt besteht aus Gott, dem Sohn und dem Heiligen Geist. Nun dieses Ganze ist weitaus größer als erdacht, denn es kommt die heiligste Frau des Weltalls dazu, Benedicte Bonabriché. Auch bekannt aus Adam und Eva. Diese beiden waren als zweite Bedeutungsebene Geschwister und Kinder Gottes zugleich. Der Vater bestimmte, ich sei Adam und Benedicte Eva und dass Gottheiten in der Weltgeschichte immer wieder in Erscheinung treten. Gott erschuf Eva mit einer göttlichen Formel, darüber hinaus einer Rippe von mir. In der Steinzeit hieß Eva Benedicte und war meine leibliche Schwester. Wir waren derzeit ein Liebespaar, darüber hinaus wollten wir göttliches Verständnis. Zu guter Letzt sind wir zu meinem Bruder Jesu gegangen und haben ihn nach seiner Meinung gefragt? Jesu begegnete: *So wie ihr euch gegenseitig glückselig mit Liebe in Herrlichkeit beträufelt, so würde es mein Vater wollen, denn Gott ist Liebe. Was freudvoll in Liebe zusammen wächst, das kann man nicht mehr trennen.*

Fantasiere nicht dein Leben lang, sondern lebe deinen größten Wunsch, denn Leben ist Liebe, darüber hinaus gottähnlich.

Das erste wie letzte heilige Gebot ist: **Liebe ist Leben.**

Weil ich ein Fantast voller Wunder bin, werde ich alles in Herrlichkeit vollbringen, hier auf der Erdkugel.

Gott will den Globus mit dem Schwert der Gerechtigkeit fortläutern wie auch überdies richtigstellen. Sein Übriges derjenigen tun, die wahrhaftig Leiden und hungern seit der Geburt Christi.

Heiligkeit ist nicht außergewöhnliche Dinge zu tun, sondern einfache Teile als Gläubige in Liebe und Dankbarkeit unseres Vaters darüber hinaus unsrige Göttin Bonabriché zuliebe. Amen

Der reine Gedanke ist der Weg und der Weg das Ziel des Vollkommenen in Liebe sein. So gehe mit uns, denn Gott ist lebendiger und größer als die Herrlichkeit.

Der erste Schritt ist der schwierigste, der zweite ganz einfach, aber nicht einfacher als der Erste.

Nach dem dritten Schritt kommt es zum Dribbeln und es geht nur sittsam, wie von allein, ganz einfach. So formuliere ich es euch!

Sonnenbèngel wie Engel haben immer gute Laune und denken rein positiv, deshalb lacht bei ihnen immer die gemalte Sonne im Herzen.

Wer mir jetzt im hier Glauben schenkt und alles grausame geistig ablegt, der wird schönlich die Versöhnung jeder Nationalitätmiterleben. Denn Allah ist Gott.

Wahrlich, erst nachdem der Welthunger und das Leid gestillt sind, kehrt der Wind, so auch die Harmonie kommt geschwind. Sodann wird Gottvater Gentlemen und Bonabriché ist in dem Moment der Vereinigung die Göttin aller Götter. Das wird der Tag am Brandenburger Tor sein. Gottes höchste Ebene der Friedens-Exs-Tase »Bonabriché«.

KAPITEL 29

FANTASIE DER KINDER

Ich bin glücklicher weise Kind geblieben oder anders gesagt, habe ich mein innerliches Sonnenkind nicht verloren. Kinder haben eine reine und wundervolle Fantasie bis zum 7 Lebensjahr. Deshalb beschäftigte sich schon Albert Einstein lange mit der Fantasie von Kindern. Jesus betitelte: *Die kleinsten demütigen Kinder hier, werden die größten im Königreich sein.*

Ohne Sonne würde es kein Regen geben und auch die schlechten Tage muss es geben, um die Guten zu erleben.

Formeln meiner Béngelchen

- Kinder mit Regenmantel und Hut sehen die Welt durch Gottes Augen gut!
- Flatter fatter Höschen, die Quäler Monster ohne Höschen, graue Döschen tragen nix und nix ist so Segen bringend!
- Gauner Wesen mit schnellen Besen, Krieger Wesen sind noch immer sichtbar Wesen, das ist bald gewesen!

Was Kinder erwarten

Engel brauchen Liebe und Konsequenz. Wünschen sich Freiheit, Akzeptanz, Abwechslung, Mama und Papa, Frieden, Mitgefühl und müssen geistig abgeholt werden, wo sie nicht weiter wissen. Einfach lernen Erwachsen zu werden und dabei Kind bleiben, geprägt von

Zufriedenheit. Das ist pures Balsam für jede Seele. Auch schätzen Engel erbarmungsvoll Barmherzigkeit, so wie Dankbarkeit. Engel und Bèngel sollten wissen, dass man nichts bewerten sollte. Überdies erkennen, dass jedes Wesen gleich wertvoll ist. Wahrhaftige Schätze liegen innerhalb der eigenen Fantasie. Echte wahre Liebe kann nicht erzwungen werden. Geht sie weg von einem, war sie nicht wirklich für einen bestimmt. Kommt die Liebe von alleine zurück, besteht sie echt und gehört dir. Engelchen suchen göttliche Liebe seiner Nächsten und geben anderen das, was sie selber erwarten. Heute weiß ich das ist Nächstenliebe und Weltruf der Erdbewohner. Eigentlich sollten Menschen zu Engeln werden. Gerade die kleinen unverhofften Überraschungen lieben Engel. Da unerwartet besser, als erwartet ist. Wer nichts erwartet, bekommt selbstverständlich die »Magie« Gottes geschenkt! Heute wie damals weiß ich, *»bewerte und erwarte einfach nix«*. In solchen Situationen schüttet der Körper so viele Glücksstoffe aus, die einen selig berieseln im Glück. Heute weiß ich das nennt sich Glücksgefühl und dieses bringt dir Bescheidenheit wie auch inneren Einklang. Die größte Suche der Engel und Béngel ist nach dem möglichen Weltfrieden, was für Menschen jeder Zeit unmöglich erscheint, ist für Gott möglich. Der Herr wird den Weltenraum mit dem Schwert der Gerechtsamen läutern und bereinigen, so sicher wie das Amen in der Kirche. So wird es »schönlich« kommen. Halleluja

Das Schwert der Gerechtigkeit

Formel gegen Menschenhandel, Waffen, Kinder mehr noch Tierquäler, CO_2, hörige Quäler aller Welten und Wesen, Missbrauch, vor allem in der katholischen Kirche, Anführer die Menschen foltern in jedem Reich Gottes.

Formel

ab ab abwenden dieses Missvergnügen in allen Bereichen, dieses muss wech wech wech mit dem Gräuel …

Formel gegen Völkerringen, Ungerechtigkeit, Gewalt, Krieg, Missbrauch, Bomben und Menschfresser Wesen, wie die Droiden aus dem Weltall.

Formel

weg weg weg mit dem Dreck, der ist schon weg weg weg, ein grüner Punkt in der Bildzeitung Morgen …

Engel und Bengel versuchen nicht nur, das Mögliche zu erreichen, sondern das Unmögliche dank ihrer Fantasie. Fantasie ist der Boden der Tatsachen von morgen, genauer gesagt übermorgen.

Liebe ist stärker als Neid und Hass, denn Liebe ist grenzenlos. Neid, Hass und Groll zerstört sich ohne fremde Hilfe.

Denn sein ist der 7 Sinn im Sein und sein ist die Wahrheit sowie die Liebe und diese Erde.

Er kommt zur Krönung der Heiligkeit, wie ein Gauner in der Düsterkeit. Halleluja, Gott der Herrlichkeit.

Ich sage euch: *Wer nicht mit Glückseligkeit bei der Geburt geprägt wurde oder Schande über Herrgotts Gebote gebracht hat, so wird selbiger jenes herrliche Fantasiegebilde im Königreich auf Erden mitnichten zu Gesicht bekommen. Sei denn ihr legt geistig jedes Übel im Hier und Jetzt einfach ab.*

KAPITEL 30

GLAUBE GEPRÄGT FÜR ALLE WELT

Der Glaube an sich ist wie die purpuren Flüsse, dort muss ein Lamm im Wasser schwimmen und eine Ameise drin laufen können. Möglich oder unmöglich? In meiner Fantasie ist auch das Unmögliche möglich, deshalb läuft die Ameise auf dem Lamm im Fluss, ganz einfach. Als man mich mit Jesus verglichen hat, bezeichnete ich: *Wenn Jesus sich symbolisch für die letzte Opfergabe das Lamm hielt, weiß Gott dann bezeichne ich mich für die Ameise stellvertretend.* Der Dalai lama formulierte mal Worte wie: *Die Zeit wird kommen, wo jeder überlegt, eine Ameise vor dem Ertrinken zu retten.* Amen, daher kommt das herrliche Meer der Weisheiten aus Tibet. Der 14. Dalai lama ist eine göttliche Heiligkeit für die endlose Zeit. In den ganzen heiligen Schriften stehen überall verformelte Hinweise über die Rückkehr des Messias sowohl als auch und was alles so passiert. Warum steht in den Schriften, er kommt blitzartig wie ein Dieb in der Sternstunde, wenn keiner damit rechnet? Erst werden die Toten geläutert und danach wird menschlich fortgeläutert.

Dazu später weniger und weniger ist mehr, weil Massen in Zwietracht stehen und nicht an Gott unseren Schöpfer glauben.

Die Mehrheit der Erdbewohner glaubt an einen Gott, aber viele ziehen in den Krieg und glauben! Dieses welches passt nicht zusammen. Wer glaubt, zieht nicht in den Krieg und tötet seines Nächsten.

So einen Gott, der so etwas zulässt, gibt es nicht. Bonabriché ist die Göttin aller heiligen Götter, wie der Vater, der Sohn, Buddah, Allah, Mohamed und »Meer« im Weltraum. Heute weiß ich, dass vereinigt nennt sich Gott. Mit Bonabriché an der Spitze, der erste Schritt zur Glaubensvereinigung am Brandenburgertor. Nach dem Verschmelzen verkörpert Bonabriché Gott. Sie steht im Namen aller Lebewesen obig der Liebe bis zur Exs-Tase an 10 Stelle. Vier ist die göttlichste Zahl und 10 die höchste Ebene ebendieser liebes Exs-Tase, wie der Name Buchstaben hat.

Ein wahrer Engel bringt Licht und Liebe.

KAPITEL 31

GÖTTLICHE LIEBE GEGEN HASS

Gott ist wahre Liebe der Herrlichkeit zeitgemäß immer wiederkehrend. Liebe steht über Neid, Hass und Habgier, weil der Groll sich selber zermürbt. Deshalb siegt immer die göttliche Leidenschaft der Liebe, weil sie wie Fantasie grenzenlos ist. Wenn du etwas liebst, das dich nicht im Gleichklang ins Herz gelassen hat, wirst du nur aufgefordert etwas Barmherziges zu tun und unbewertet loszulassen. Kommt es von alleine zurück, ist es besser als herbeigewünscht und du schwebst, beglückt auf Wolke 7. Geht es aber davon so fürwahr es mitnichten für dich bestimmt.

Trotzdem solltest du die Gegenseite der Engelchen lieben und warmherzig bleiben, so wie der Vater im Himmel und auf Erden warmherzig ist. Nur dann werdet ihr wahrlich Kinder des Höchsten sein. Sein ist das revolutionäre Fantasie Königreich in Herrlichkeit bald auf dieser Erde, so Gott will und Gläubige sich einig vorwalten. Ob Reich oder Arm, Machthaber die Gottesangebote nicht einhalten müssen weg. Weg mit der Empörung, denn wertvolle Machthaber gehen himmelwärts in die Höhe und Monster in die Hölle. Im Angesicht Gottes haben alle Völker selbige Rechte, dazu im gleichen Sinne Macht.

Damals wurde das heilige Kind gefunden, weil jeder den Sternen folgte. Heute sieht keiner Sterne, vor lauter grauer Wolken, ob sie da sind oder nicht. Wenn die Sterne anfangen zu sausen, ist dieses eine Warnung, dass kein Stein über dem anderen bleiben wird, wenn sich nichts ändert.

KAPITEL 32

MOMENTE MIT DEM HEILIGEN GEIST

In der Zwischenwelt wurde ich erst für Jesus Christus gehalten, dann für Gott und zuletzt entsprach ich dem Heiligen Geist. Nein ich bin einfach nur ein göttlicher Sonnenengel auf Planet Erde, in dessen Fantasie sämtliches möglich ist. Gott ist nicht nur dreifaltig, wie viele es bis heute dachten. Sondern mit mir und Benedicte Bonabriché ohne Übertreibung Vierfaltig. Deshalb ist auch die göttlichste Zahl, die mit den 4 Buchstaben, Gott. Den Heiligen Geist habe ich oft so erfahren, wie in einer Sternstunde der Stille. Wenn er dazukommt, ist das eine seelische Regung in Liebe, Demut und Anteilnahme im selben Augenblick. Wolken verschwinden und der Wind steht still. Die ganze erschaffene Natur schweigt im hier und der Himmel vermag in prächtigen Farben. Heute wie damals nennt sich dieses wahre Hochgefühl wie Farbenspiel Wertschätzung der Heiligkeit. Heute weiß ich Menschen nennen es Respekt.

Der Heilige Geist Gottes steht über allem und neben dem steht die heiligste Göttin aus dem Mundus Benedicte Bonabriché, die reinste göttlichste Traumprinzessin der Liebe unserer Weltgeschichte. Ebendiese höchste und heiligste Ebene der Exs-Tase des Lebens. Heute weiß ich, das Ganze nennt sich Gott, den ich Matthias, in meiner Fantasie damals erschaffen habe. Die Obrigkeit des Gedeih und Verderb! Derweilen lebendig hier unter den Götzen. Gott behüte gesagt, Hölle auf Erden. Der Teufel ist bereits hunderte Jahre allüberall.

Matthias erster Lama Engel während Buddas Zeit.

Bonabriché ist Gott, ein Herz und eine vierfaltige Seele, zusammen Viereinig. Entsprechend der Gebote, 10 Buchstaben. Dieweil weiß ich, das nennt sich Gott. ***10+4=14+1=15*** Lama Engel und Engel sind wertvolle Bengél.

Der Himmelsfürst hat nun einen weiblichen Höhepunkt der Exs-Tase dazu bekommen und ist Gentleman zugleich. Im selben Augenblick zur gleichen Zeit.

Der Fantast ist Schöpfer des Ganzen und der überirdische Groll möchte die Erde vernichten, ausbeuten, quälen noch dazu Lebewesen vernichten. Der erste ist auch der letzte Fantast und der ist nie auf sich allein gestellt. Seine Messiasvorstellung in seinem Sonnenlicht war und ist immer da gewesen. Das ist die Wahrheit und diese wird versuchen, Leidende zu erretten. Diese wahre Ehrlichkeit wird euch frei machen und trösten, so sagte es Jesus voraus.

KAPITEL 33

WUNDER DER LIEBE

Ein herzliches Wesen ist ein Bengél Gottes, der die Vollkommenheit deines Herzens kennt und dich mitfühlend daran erinnert, falls du es vergessen hast. Gehe nicht mit oder gegen den Strom, nimm den mittleren Weg der Stille, Liebe und Herrlichkeit zum Licht der Erleuchtung. So erlangst du Glück und Zufriedenheit des Höchsten. Innerer Frieden verändert die Perspektive auf vieles positiv. Lenke deine Aufmerksamkeit nur auf Dinge, die du wirklich begehrst. Da sollte deine Energie hinfließen. Richtest du die Energie zu dem störenden Widerstand, so wirst du gerichtet von dem Groll.

Wo gegen du deinen Widerstand richtest, so wirst du gerichtet. Also Widerstand vermeiden, denn das bringt Stand und dieses ständig. Mit Stand und Ständer geht alles! Kein Witz, Magie und jetzt seid ihr hörig und glaubt!

Weniger ist mehr, mehr weiterhin »Meer« und Witz ist die Magie Gottes Meer der weisen Melodien.

Menschen begehren das, was sie täglich hören und sehen, weil sie unbewusst arglos und leichtgläubig sind. Groll in den Medien beeinflusst Menschen fürchterlich und Kinder bis zum 7 Lebensjahr werden sogar lebenslang davon negativ geprägt.

Einfache Engel in Warmherzlichkeit.

Wirst du deine Liebe ins Universum senden vom Erdreich, so wird zeitgemäß die Ernte vielfältig sein und sein ist die wahre Wonne der Liebe.

Wer die Engel und Sterne fliegen sieht, wird als jüngste Gabe in Gottes Hände gelegt. Das sind die Sehenden und vorgenannt für Gottes Segen. Amen

Gott ist lebendiger und herrlicher als erwartet. Dank meiner Fantasie gibt es ein Ölgemälde von mir, vom Gott der Dreieinigkeit. In dem Bild ist Jesus Christus, Maria Magdalena und Benedicte Bonabriché in einem Bild von ***2017=10***. In der linken Hand die neue Erde und in der Mitte, jenes unbefleckte Kreuz **X** für ewiges Leben und Weltfrieden. Von mir in der Realitätsfantasie aquarelliert. In der christlichen Theologie nennt es sich, Trinität Gottes unauflösbare Formel der Dreieinigkeit. Dieses ist neu verformt, da Gott nun Viereinig ist und vielfältiger denn je. Denn der Vater ist so riesig, dass man es nicht mehr feststellen kann. Zudem ist er der gerechteste Gottvater aller Wesen. Denn der Allmächtige erschuf auch die Tierwelt, Insekten und Pflanzen, die eine Seele haben. Welche nicht nur in der Gedankenwelt singen werden, wenn der Tag der Tage kommt. Das wird das 8 Weltwunder, so erklärte es unser Vater mir. Er ist der echte Herrgott aller Seelen und der Liebevollste über dem Himmel allüberall. Demgegenüber auch der gerechteste und härteste Richter im Weltraum aller Zeiten.

Verträume nicht dein Leben, sondern lebe deinen Traum in meiner Fantasie. Dein Bild von Herrlichkeit forme ich mit Glückseligkeit für die Ewigkeit.

Persönlichkeiten werden nicht durch Bücher geformt, sondern durch ihr wirken im Sein. Augenblicklich weiß ich, dass Ganze nennt sich kostbar.

Ein Vielfaches glaubt an wahre Wunder, haben aber selbst kein bisschen Glauben mehr, aber weniger ist bald mehr, wahrhaftig.

Gottes Kinder glauben an Wunder und für die hat der liebe Gott einen extra Beutel mit Besonderheiten. Das fördert bei Kindern die Kreativität der eigenen Fantasie im Dasein. Deswegen sollten Men-

Bengél wie sie Sein sollten.

schen wie reine Kinder bleiben und dieses unverfälschte Kind nie verlieren. Aus diesem Grund werden die Kleinsten, die Größten im Königreich Erde sein. Unsereins soll das Unmögliche, Hand in Hand möglich und instand setzen.

KAPITEL 34

WAS MEINE BENGÉL QUATSCHEN

Wenn ich Worte sage oder denke, stehen die Toten auf wahrhaftig so sage ich es euch: *Ich bin die Wahrheit, die Sonne der Liebe und die Herrlichkeit auf Erden, dazu der witzigste Gott der Weltgeschichte.*

Eine Frau aus der Totenwelt hieß *»Flatterhöschen«* diese Menschenwesen haben nur einen Kopf und künstliche Haut, wo normale Menschen den Unterschied nicht bemerken. Besonderes Make-up, aufgeklebte Schamhaare usw.

Das sind Seelenwesen aus der Totenwelt, diese Wesen sind auferstanden und unter den Erdbewohnern. Das präge ich als Wahrheit. Die künstliche Haut, Kleber genannt, wurde mit einer gestohlenen göttlichen Formel hergestellt.

Diese Wesen lieben mich und ich sie. Es sind Kinder Gottes und wahre Engel. Jesus ist in Gott, Gott in Jesus und beide sind 33 Jahre nebst mir und Bonabriché, meine damalige Schwester Eva. Wir sind die heiligste Familie der göttlichen Vergangenheit.

Die Seelen von Adam und Eva haben sich fast in jedem Leben wieder gefunden, so wohnten sie auch unter anderem zusammen neben dem Wald der krummen Bäume.

Meine Engel die ich vor tausenden Jahren erschaffen habe, für genau diesen Zweck.

Die Entrückung fällt nicht bald vom Himmelstor, sondern ist schon da. Unter unserm Himmel mit 3-fach gebrochenen Pimmel und 7 Fingern unterm Himmelstor. Gott der Herrlichkeit erleuchtet die Dunkelheit. Es passiert alles genau so, wie es Jesus prophezeit hat. Originaltreu dann, wenn keine Sterbensseele damit rechnet.

Wenn wir den himmlischen Weg der Mitte gehen, laufen wir auf festen Grund. Andere Richtung oder Strömung bedeutet Fall in den Abgrund.

KAPITEL 35

WAS UNSER VATER SO BEKANNT GAB

Wo ich merkte, dass sich Bäume wegen mir bewegen und wachsen. Erzählte Gottvater mir, dass ich im vorigen Leben, am Rand neben dem Wald der krummen Bäume wohnte mit meiner Schwester Eva. Diese sind aus Liebe und Dankbarkeit in unsere Richtung gewachsen. So stark war zu der Zeit, ich vermute unsrige vermögende Kraft der Liebe.

Laufend erwähnte er, ich soll dies oder das Ausrechnen beziehungsweise Formeln entwickeln, um die Erde vor dem Angriff der Raum und Zeit Räuber zu schützen. Diese haben heilige Formelbücher Gottes gebeutelt in meiner Fantasie und mehr Gräuel noch dazu angerichtet. Sie bestrafen Menschen in meiner Findigkeit und so sind wahrhaftig die Millionen heiligen Engel erwacht, weil ebendiese den Kannibalen köstlich schmecken und im Universum gut zu verkaufen sind. Die 6 Zeitpiraten wollen die ganze Erde quälen, ausbeuten und vernichten, so wahr wie Gott mir geholfen hat. Wahrlich, wahrlich, wahrlich ich sage euch:

Wer Missetat als Monsterwesen tut, der ist Monsterfresser Sklave und einen Gottesbruch oder Bösewicht, braucht er nicht. Die Zeit der Vollendung ist nahe.

Wald der krummen Bäume aus Germany, wo ich mit Eva-Benedicte in einem vorherigen Leben wohnte.

Wer Sünde als Monsterwesen erfüllt, der ist der Satanistenräuber 2 Sklave. Deswegen liebet eure Feinde. Denn wie es in den Raum hinein erklingt, so kommt es auch gerecht zurück und böses verbreitet Unheil.

Unter anderem wurde in Bonabrichés Haus eingebrochen, wie leer geräumt, seitdem gilt sie als unauffindbar. Die Strafe Gottes war, dass 5 Häuser der beteiligten einfach weggeflogen sind.

Gott möchte, dass ich unsere Engelchen vom Himmelreich und aus der Totenwelt lebendig auf den Erdboden zurückhole. Natürlich für einen Neuanfang auf diesem Erdkreis, da unser Klima bald zusammenbricht und das Völkerringen ansteht. In meiner Fantasie im Geist Gottes ist die Erde, Tiere, Menschen, Bäume, Pflanzen und mehr aufgekeimt.

Den familiären Glaubenstempel aus der göttlichen weißen Siedlung der Steinzeit habe ich erschaffen in alter Tradition und dieser gleicht dem Brandenburgertor. Somit bin ich der Schöpfer und Ursprung dieses Planeten Erde und »Meer«. Das formuliere ich als Lehrsatz.

Auch lehrte mich unser Vater, dass ich zusammen mit dem ersten Buddha gelernt habe, ähnlich wie die Bruderschaft mit Jesus Christus von Nazareth. Demnach habe ich beide beseelt im Geist, mit dem Seher Licht des heiligen Geistgottes.

Matthias erster Lama Engel zu Buddhas Zeit und Weisheitslehre.

KAPITEL 36

WAHRE BEGEBENHEITEN

Gott ist allwissend und sieht alles. Dabei hat er nur ein Auge und manchmal fliegt er auf seiner Pupille quer durchs Weltall. Mitunter hat er ein bedeutendes Fernrohr dabei. Die Funktion bleibt geheim.

Jesus Christus ist vor lauter Liebe schwul geworden. Beim Läutern in der Totenwelt plauderte er: *Wenn das Gräuel der Zeitpiraten vorbei ist, dann würde er mich vernaschen.* Die Aussage sollte aber keine Christenseele auf die Waagschale legen.

Einfache Engel in Liebe und Geborgenheit.

Adam und Eva waren Geschwister, sagte unser Vater aus dem Himmelreich. Zudem bis heute wie damals ein Liebespaar, denn gestern ist heute. Echte Liebe ist atomar und endlos. Unsere Seelen haben sich seit Adam und Eva in jedem Leben erneut gefunden bis heute. Einmal habe ich eine andere Frau geheiratet, so sagte es mir unser Gottvater.

Gott unser Vater, erwähnte ständig mit Stand, dass in meiner Fantasie alles möglich ist, auch das Unmögliche. Schließlich ist in meinem Geist der Fantasie der ganze kosmische Raum entstanden. Heute war gestern und damals wie heute wahrhaftig und heftige Gewalt wie Schreckensherrscher in vielen Lebensräumen auf der Erde. Wenn man den Raum umdreht, ist man in der neuen Totenwelt oder Gedankenwelle. Die Toten sind auferstanden und mitten unter uns. Massenvernichter manipulieren mit Gehirnwäsche die ganze Welt seit mindestens 2.000 Jahren. Das geistige Band vieler Erdbewohner ist zerrissen und die Sympathie wird weggeschossen.

Mit Stand und Ständer Herrlichkeit!

Ein neuer Friedensspruch.

Gottes Wille ist hier in seinem Reich lebendig als dritter Menschensohn Gottes, Sonnenbéngel der Herrlichkeit.

Sanfte Engel fliegen wie farbenfrohe Bengél und durchblitzen jede Mängel. Kinder die glauben und so fantasiereich sind, sie könnten die Welt mit Gesang in der Gedankenwelt verändern, sind tatsächlich die, welche es wahrhaftig tun. Dieses sind wertvolle Fantasten des Seins im Sinn.

In Berlin bin ich als Christ sogar dem Koran aus Nächstenliebe meiner Freunde zuliebe beigetreten und habe von Allah obendrein Moses in schwierigen Zeiten Kraft bekommen. Das war im Nachhinein der erste Schritt zur Glaubensvereinigung Christi. Heute weiß ich ebendies nennt sich, eines Empfindens Hand in Hand. Die vorausgesagte Glaubensvereinigung.

Ein wahrer Engel bringt Licht, Liebe und Meer.

KAPITEL 37

GOTTES GEIST EIN SONNENGEFLECHT

Göttliches Blut ist dicker als Wasser und härter wie Stahl. Gottes Kinder werden mächtig sein, Eisen brechen und Stahl biegen. Die größte und härteste Bruderschaft des Weltalls auf dem Globus. Echte Sonnen Béngelchen.

Es gab schwierige Momente mit Menschenmördern zwischen nicht wenigen Welten wie Wesen auf dieser Erde. Dieser Planet ist seit Jahrzehnten durch Wesen von einem anderen Stern manipuliert und wird in meiner Fantasie nicht nur von außerirdischen Raum und Zeit Piraten gelenkt. Sondern untauglichen Führern, die aus vergangenen Zeiten und ihrer Konsequenzen, egal wie man es betrachtet, nicht dazu gelernt haben.

Gott aus dem Himmelreich war eines Tages so gut drauf, trotz der schlimmsten Verbrecher in seinem Weltall, welches ich ihm und Eva schenkte. Unser Vater sagte: *So wir stellen jetzt die ganze Welt auf den Kopf. Einsteins Raum ist ab sofort dreieckig gewellt. Gott würfelt nun auch, obendrauf gibt es den Zufall und Gott ist eine Prinzessin. Gott ist nun eine Frau.* Diese Aussage sollte niemand auf die Waagschale legen, da Gott in Gleichnissen spricht. Gott ist Gott und bleibt Gott, unser Vater. Obendrein hat sich die göttliche Englsbruderschaft etwas vervielfacht, mit Bonabriché und »Meer«.

Einfache Engel im Einklang des Seins.

So Gott auf Erden ist Matthias, Bonebriché ist Gottes Vertretung im Weltall. Sohn Jeremy Maximilian der Große, ist Gott der Götter und vertritt seinen Vater auf Mutter Erde mit seinen göttlichen Brüdern. Der Vater arbeitet vorerst weiter im Himmelreich des Alls.

Benedicte Bonabriché ist die heiligste weiblichste Göttin der Liebe und Exs-Tase aus dem Weltraum. Unser Vater hat nun Verstärkung und ist ein göttlicher Gentleman des Höchsten. Gottes System sind nicht nur Sonne, Mond und Sterne und ich die Laterne, die das Licht bringt. Sondern auch alle göttlichen Wesen und Mitarbeiter mit 8,– € Stundenlohn.

Gott ist das **Alles** zusammengenommen und mächtiger als erwartet, dass man die Allmächtigkeit nicht mehr greifen kann. So hat die Glaubensvereinigung auch einen Namen, Bonabriché. Sie ist die Göttin aller Götter, jeder Glaubensrichtung.

Mit Stand und Ständer Herrlichkeit!

Ein neuer Friedensspruch.

Auf dem weg des Lernens habe ich Erstaunliches gelernt, es gibt Göttliches, welches nicht erklärt werden kann, aber nichts, dass nicht wahrhaftig geschehen vermag.

Göttliche Menschen sind selten und wahrlich genial, geniale Menschen selten göttlich.

Gottes 1 göttliche Gebot

Sohn und Leben. Liebe ist Jesus Christus in Person und das Erste ist wertvoller als das Zweite, weil ohne Liebe kein Leben. Beides zusammen noch besser als erwartet, berieselt von seiner Liebe als erster Menschensohn hier auf Erden, nicht von dieser Welt.

Matthias ist der Beginn zu neuen Ufern Christi, der Sonnenengel. Gott der Herrlichkeit ist angekommen mit seinen eigenen Engeln aus der Hemisphäre, alles reine göttliche heilige Bengélchen. Oder das verlorene Kind als Gleichnis ausgesprochen für die Tauben, Amen. Auch sie werden es nicht glauben. Heute weiß ich das nennt sich ungläubig. Massen warten im Glauben und es ereignet sich gerade hier im Sein. So wahrlich Wesen müssen bedingungslos und aus vollem Herzen mit ihrem Glauben umgehen. Jesu wird diese Erde als Menschenwesen nicht mehr betreten. Er holt nur echte Gotteskinder am Ende dieses Planeten in Liebe ab. Diese Engel und Béngel gehen freudig in Vaters paradiesische Himmelreich.

Diese kommen zur Herabkunft meiner Ankunft millionenfach von allüberall gesegelt. Das ist jener Tag am Brandenburgertor, wenn sich die gläubigen Menschen, wie Wesen anderer Glaubenskraft, sich in Herzensliebe vereinigen. Das ist die Herrlichkeit und Weltruf der jeder verzweifelten Nationalität. So sage ich es voraus, nach den Plagen sowie Nuklearkriegen. Versöhnung sei mit Gotteskindern den Gläubigen fleckenlosen und weg mit jedem Terminator, der Leben vernichtet.

Das präge ich als wahrhaftig, so sage ich es euch, die Auferstehung Jesus Christus läutert das ganze Weltall live. So auch im Himmel und auf Erden. Erst werden die Außerirdischen, dann die Totenwelten, hiernach wird in den Menschenwelten fortgeläutert. Das geht so lange bis der Dreck aus dem Weltraum weg, weg, weg ist. Die Vollendung des Begonnenen ist es, wonach die Blinden und Propheten sich sehnen. Deshalb rotieren sie verzweifelt mit falscher Berufung, im Bevölkerungskreis.

Hier das neue Friedens Max-Monogramm Christus.

KAPITEL 38

MAGISCHE FORMELN FÜR KINDER

- **Formel Flatterhöschen**
  Flatter flatter Höschen, ich brauche ein wegen verdrecken, ein neues Höschen und Papa kauft dir so nicht nur ein Höschen, sondern gleich ein Gott gefülltes Spardöschen.

- **Formel Wut**
  Heile geile Segen, morgen gibt es Regen, übermorgen wird die Sonne schein und deshalb wird die Wut gleich besser sein.

- **Formel Hut**
  Blinde ebenso wie Kinder mit Wut tragen einen Hut, überdies geht es euch gleich wieder gut und ihr seht durch Gottes Augen gut.

- **Formel Flantile**
  Wuschel Waschel 3 **X** Paschel unsere Birne, ist neu wie Quaschel.

- **Auer das tut weh!**
  Dann erleidet die Person die Gottesstrafe!

- **Formel Donnerknall**
  Lavendel Lavendel, Angelina Julie Lavendel ist die Frau von Matthias und Bonabriché ist Gott. Jesus Christus ist der Bruder der Hells Angels.

Als Kind hast du die Aura eines Engels. Als Erwachsener, dass was du daraus gemacht hast. Im Alter bekommst du das Gesicht welches du verdient hast. Ein jeder ist selbstverantwortlich für sein Leben und bekommt zurück was er selber geprägt hat. Liebe ist Leben ist das erste göttliche Gebot.

Deshalb ist es nie zu spät, sich gottvoll auf eine reine geistige Ebene zu begeben. Im gleichen Moment jede Sünde, ohne dieses zu bewerten, einfach aus dem Bewusstsein ablegen. Viele Gläubige erfahren bei solchen wertvollen Ritualen ein harmonisches Gefühl der Warmherzlichkeit.

So schwindet die Last auf den Schultern und Geist wie Seele wird positiv erfüllt. Gottes Familie prägt in Liebe Warmherzlichkeit.

Wenn man sich nicht unter Druck setzen lässt geschehen so weise Wunder, wie Gottes Magie von alleine. So erobere dein innerliches Kind zurück.

Zu seiner Zeit sagte Jesus: Ich werde gehen und euch die Wahrheit senden und diese wird euch frei machen. Sie kommt genau dann, wenn keiner es erwartet.

So sage ich es euch: Die kleinsten demütigen Kinder hier, dass werden die Größten im herrlichen Königreich sein.

Nicht bewerten sondern einfach machen und abwarten was heute wie damals noch passiert.

Lass die Schlangen in deinem Haus raus und die Göttlichkeit wie Engel rein. Halleluja.

In meinem Haus gehen die Schlangen in Liebe heraus und dieses macht den Unterschied aus.

So sollten Menschen harmonieren, wie Engel.

KAPITEL 39

WELTRAUM ANGRIFF

Der Weltraum Angriff besteht aus sechs Monsteranführern, deshalb wird die 6 zur 9 umgedreht. Raum und Zeit Piraten, die in unserer Wirklichkeit entstanden sind. Diese waren damals Schutzengel, die ich für die Menschheit hervorgebracht hatte. Diese suchten mich seit hunderten Jahren in diesem Jahrtausend. Seit 24 Jahren werde ich und Erdmenschen manipuliert dazu das Weltall. Diese Biester oder Bluthunde plündern das ganze Weltall aus. Dazu zerstören sie Menschen, Tiere sowie unser Klima. Im Übrigen sind es schwerste Satanisten, da sie auf quälen und foltern stehen. Das Totenreich wird von allen Göttern belohnt, da dort Seelen und Menschenwesen nichts zu essen und zu trinken bekommen haben, sowie brutal hörig gemacht wurden.

Hörige Menschen sind menschliche Maschinen, die auf Kommando töten, sexuell misshandelt oder täglich gequält werden. Zudem stehen sie wie unter Hypnose und haben keine flantile Rückkehr bezüglich ihrer Seelenerinnerung.

Lieber 1 wertvollen Frieden als nur 1 wertlosen Krieg, denn dieser könnte der Letzte sein und danach liegt kein Stein über dem anderen. Deshalb wurde ich durch Christus vom Vater gesandt, um Balsam den Leidvollen zu spenden. Nur 1 Atomrakete reicht, um unzählige Menschen und Tiere in Gottesreich zu vernichten. Das und immer größere unnötige Völkermorde seit Christi, wird nun hart auf eine moralisch höhere Stufe gestellt. Solange bis die Kirchen von alleine in aller Herren Länder Tage läuten, für Harmonie und Ewigkeit. So sage ich es, im Wort Gottes sowie jeder **x**-beliebigen Anderen.

Gott wird die gezogenen Grenzen auf seinem Grund freudig nehmen und den hoffnungslosen Essen und Trinken geben. Grundgesetze der gesamten Nationen auswechseln mit nur 3 Geboten, weil es 5 vor 12 ist. Die 4 Heiligkeit kommt, Viereinig, Minuten später. Wie viel Zeit bleibt uns noch? Amen

Gott und alle Gläubigen dieses Erdballs erfahren einen Wandel in Liebe des Zusammenhalts. Nach der Glaubensvereinigung werden Wunder geschehen und unser Vater wird sein mächtiges Schwert der Gerechtigkeit hier nicht mehr benötigen. Diese Offenbarung ist eine geistige Erscheinung meiner Fantasievorstellung. Gottes Herrlichkeit für ein gemeinsames, aller Völker, Königreich in Ewigkeit. Kinder Gottes wie momentan Greta T. werden regieren, deshalb werden die Kleinsten die Größten im himmlischen gemeinsamen Königreich sein. So steht es in der Heiligen Schrift als Inkarnation verformelt niedergeschrieben.

Auf der Erde sind mittlerweile die vergangenen Seelen oder besessene Menschen aus der Totenwelt. Beobachtet und gelenkt durch überirdische Intelligenzdroiden. Die künstliche Intelligenz manipuliert meiner Meinung nach, bereits jeden Kontinent. Die Erde hat mehrere Räume zu unterschiedlichen Raum-Zeiten zum Teil.

Da**X**s andersartige Friedenskreuz für Engel und Bengél im kooperativen Reich Gottes. Frei im Namen Jesus Christus und jeder **x**-beliebigen Götter und Heiligkeiten.

Raum und Zeit der Erde

Alles sieht normal aus. Dreht man den Raum an Ort und Stelle um ist man in der neuen Totenwelt, die genau so aussieht. Unter der Erde ist die alte Totenwelt, wo Kinder gefesselt, gefressen oder hörig gemacht werden brutalster Art. In der Tiefe ist das alte Fegefeuer und die Hölle haben wir langsam auf Vaters Erde, sollte sich nichts umgehend ändern. Dann wird kein Stein mehr über dem anderen sein. Der Teufel ist bereits auf jedem Kontinent.

Ich vermute, dass diese Droiden für mich eine extra Welt erschaffen haben innerhalb des Ganzen, um zu vertuschen das Massaker der Weltraumgeschichte. Dies präge ich als »wahrheftige« Wahrheit.

Jesus Christus Anfangsbuchstaben in einer anderen Sprache. Das Pax-Monogramm Christi.

KAPITEL 40

MENSCHLICHE ERSATZDARSTELLER

Raum und Zeit »Droiden« drehen, wenn sie hunger haben den Raum um, obendrein schlachten sie die Menschen ab. Z.B. nach einem Eignes werden sämtliche überfallen und hingerichtet. Menschen wachen normal in der neuen Totenwelt auf und haben keine Erinnerung, weil sie in meiner Fantasie nichts sehen, hören wie sagen! Das geht so rasant im Feuer, dass niemand etwas davon mitbekommt. Die neue Totenwelt sieht genau so aus wie unsere Erde, nur Raum und Zeit zertrümmert. Die alte Totenwelt ist unter der Erde. Oben ist nun die Hölle auf Erden, wo kein Stein über dem anderen bleiben wird, wenn Gottes Wille nicht über alle Völker einhergeht. Amen

Die ganze Atmosphäre wird verunreinigt und die heiligen Kinder in andere Länder verschleppt. Die Hells Angels haben mich erpresst und ich sollte erschossen werden. Schussübungen im Nachbarkeller wurden gemacht, oder massenweise hörige Ausländer auf mich angesetzt. Als die Wahrheit heraus kam, hat eine große Menge einen Glaubenskonflikt bekommen und sich erschossen. Inschallah, diese Gläubigen habe ich sofort in Deutschland und der Türkei wieder auferstehen lassen. Halleluja

Ich und kluge Leute wurden verfolgt sowie ausspioniert, weil wir die Geweihteste und göttlichste Großfamilie der Weltgeschichte sind. Die Kriege und Plagen der Affenpest 2022 müssen als Präze-

Feind und Freund im Frieden.

denzfall in die Geschichte eingehen. Der ganze Globus muss von Terror und Diktatur gesäubert werden.

Die toten und besessenen Menschen sind unter uns. Dazu kommt der überirdische Monsterteufel, der die Weltherrschaft unbedingt anstrebt. Die Menschheit wird bei Dunkelheit im Schlaf hörig gemacht, um die Kontrolle zu haben, wie auch unter der Erde, wo angekettet Menschen wie Kinder Gottes gefoltert werden. Der Teufel ist bereits auf sämtlichen Kontinenten und Planeten.

Die närrischen wie Tauben merken nichts, die Schlauen merken es, aber sehen nichts und die göttlichen Bengél erledigen es. Wahrlich, wahrlich so sage ich es euch!

Nichts sehen, nichts hören und nichts sagen seit hunderten Jahren. Nur wenige haben aus Fehlern der Vorfahren, dazugelernt. Die Erde steht bald still und schweigt, aber Stillstand ist Rückstand, weil Menschen nicht dazu gelernt haben. Wer ist da nun euer Nächste seit hunderten von Jahren?

2022=6=9=15 Deswegen wird die 6 umgedreht zur 9 und gilt der Mutter Gottes Maria. Aufgrund dessen bin ich hier der Letzte, 15 Lamaengel aus dem Lichtermeer der weisen Quelle. Für die nächste 3 Bibelgeschichte. Kein Witz, Magie der herrlichen Gedanken Gottes zu seiner Zeit hier.

»In Matthias Zeit brichts Eis!«

6=9=15=30=4=3=10=7=8=1=2=5=15=X

Ich komme auch derzeit im Namen Christi, der mich verwiesen hat als Tröster, damit die Sehenden blind werden und die Blinden sehen.

Wer ist nun wer?

Alles nur ein Gleichnis oder Magie Gottes. Nicht nachdenken einfach denken und sehen! Alles nur ein Witz oder doch Magie. Gott würfelt nun auch und rechnet nicht mehr.

Selig werden jene die nichts haben und glauben, denn diese welche sind in Wahrheit kostbare Juwelen.

KAPITEL 41

EIN ANFANG KANN KEIN ENDE SEIN

Alles verändert sich und wir können nicht ewig inmitten von Gräuelnissen leben, denn Liebe ist Leben und wahrhaftig nicht der Gräuel. In dem Ergebnis, wie das Dunkle aufgelöst wird, so wird fortgeläutert im Lichte der Viereinigkeit. Amen

Ein Ende kann ein Anfang sein, dieses heilige Formelbuch Gottes aktualisiert sich wie ein Buch mit 7 Siegeln von alleine. So wie die unendliche Geschichte von selbst immer weiter geht und jene erwachen vom Lichte meiner Laterne. Unverwechselbar müssen wir die linke mittlere Zeitströmung nahe dem Zeitgeist der Weisen unter uns beschreiten.

Ebendieser Weg der Wahrheit oder jener Lüge ist der Gleiche, nur nicht dieselbe Richtung. Wahrlich ich sage euch, wer mir in Christus folgt, kann hingehen, wo er will, sein Gang schreitet nach oben in des Vaters himmlische Paradies, am Ende dieser Ereignisse. Selbst nachdem ebenjener Berg ab ging, geht der Königsweg nach oben ewig und 3 Tage weiter. Habt keine Angst, ihr müsst rein an unseren Vater wie Mutter glauben. Sodann schreitet ihr durch Christus zum Vater.

**»In Matthias Zeit, bricht's Eis,
hat er keins, dann machte er 1.«**

Menschen die besessen vom falschen Zeugnis sind werden bald frei sein, denn niemand ist ohne Fehler und Sünde. Diese Fehlfarben der Buße sind dazu da, um das Farbenspiel der Herrlichkeit zu erkennen.

Ohne Sünde : keine Fehler : keine Feinde : wertvolle Zeit in Glückseligkeit.

Ein Bengél in Dankbarkeit prägt Kinder mit Glückseligkeit.

Ich segne jene, welche Herzenswärme im Kernstück tragen in liebe mit meiner Realitätsfantasie für den Weltfrieden, schlicht und einfach.

Friedfertige Grüße,
von Matthias Chr. Beyer

Gott der Herrlichkeit auf Erden.
Gott ist Gott und bleibt Gott.

Persönlichkeiten, die so fantasievoll Auftreten und glauben, sie könnten die Erdbewohner mit Licht verändern, sind diejenigen die wertvoll bleiben, weil sie es wirklich tun.

Meine Selbstliebe ist so tiefgründig, soweit kann kein Engel fliegen.

Meine Sonne in der Fantasie ist so klein, aber jeder spürt das Licht der Wahrheit, egal wo er auf Erden ist.

Der Hunger und jenes Leid, wird größer werden, als erwartet!

Deshalb möchte ich weltweit Hunger, mehr noch Leid einstellen und live das Unmögliche, möglich machen, so dass kein Kind mehr am Hungertot, in Gottes Reich stirbt!

So sage ich es euch: Liebet einander in guten wie in schlechten Zeiten.

Bei jedem Krieg sollten wir
vom Schlimmsten ausgehen und
dennoch für die Harmonie aller Wesen
dieser Erde beten,
denn es könnte der Letzte sein.

Dieses Sandmännchen haben Kinder aus Deutschland nachgemalt.